改訂新版

自由への指針

今を生きるキリスト者の倫理と十戒

大嶋重徳

Oshima, Shigenori

教文館

改訂新版のための序

二〇一六年に『自由への指針――「今」を生きるキリスト者の倫理と十戒』が出版され、第四刷まで版を重ねました。この期間にいくつかの雑誌で書評に取り上げていただき、本当に嬉しく思いました。また論文に引用されたり、講演で本の文章を取り上げていただいたりもして、とても光栄に思っています。また洗礼式のプレゼントや教会や教団の成人式のお祝いに贈ってくださって、本著が用いられてきたことを感謝しています。

ただ一番嬉しかったのは、教会の読書会で、『自由への指針』を読み合わせてくださったことです。本を読んで考えたこと、感じている疑問、課題を分かち合い、一章ごとに読み進めていただいた報告を聞くと、本当に嬉しく思いました。

今回は改訂新版を出すにあたって、章ごとに「意見交換のために」という設問を用意しました。設問通りに分かち合っていただく必要はありません。しかし読書をする大きな喜びの一つは、読後の感想を互いに分かち合うことでしょう。自分とは全く違うところから教えられる人がいて、その違いから自分の読み飛ばしていたところを発見する。その交わりは書物だけではなく、互いを知る機会となります。

また、聖書からの引用は『新改訳 2017』（いのちのことば社、二〇一七年）に変更しました。

この書物は「今を生きるキリスト者の倫理」を考えるために記しました。本著を記した時には考えもしなかった世界情勢となりました。絶え間ない災害が日本では起こり、世界を襲ったコロナ禍があり、ウクライナにおける戦争が始まりました。しかしこの「今」を生きるために、十戒は変わらずに「いかに生きるか」という光を放ってくれています。「ねばならない」と締め付けるために律法はあるのではなく、自由に伸びやかに生きるための指針を、「今」も私たちは十戒から受け取ることができます。

ぜひ共同の読書の経験を通して、分かち合っていただきたいと思います。そこに教会に集う喜びがあり、信仰に生きる喜びがあるからです。

はじめに

私たちは自由に、確かな意志と判断力を持って、人生を生きていきたいと願っています。

現代は、自分の手元で検索をすれば、いつでも欲しい情報が手に入られる時代です。しかし、手に入る情報があまりにも多く、それが正しい情報なのかどうかを確かめることができません。しかも、手に入れた情報は、私たちをしばしば不安にさせます。

また、判断すべきことに追われる日々が私たちを取り囲んでいます。「この人と結婚してよいのか?」「親の老後をどうするか?」「この国を任せられる政治家は誰か?」「あれは本当に自分の生活に必要な物なのか?」「有給休暇の申請は上司にどう思われるだろうか?」

科学技術の進歩やインターネット環境の発展によって、かつては想像もしなかった倫理的課題が私たちに唐突に突きつけられてきています。しかし、私たちにそのことをゆっくりと考える時間はなく、即座にその判断の態度決定を迫られます。そしていつも、自分が下した過去の小さな判断の失敗を後悔しながら、今を生きているのです。

現代はポストモダン（近代以降）と呼ばれる時代です。近代という時代に「これが真理だ」と叫ばれた主義・思想は、ベルリンの壁と同時に壊れていきました。そして今や「絶対的な真理などない」と言われ、世界はあらゆるレベルで、相対主義的で、多元主義的な価値観へと変化していきました。

しかし、この国で「価値なんて一つじゃないよね」と言いながら、それでは人間は生きてはいけないことを明らかにしたのは、一九九〇年代にオウム真理教にハマった若者たちの存在です。どこかに真理があるはずだと考えた真面目な若者たちが辿り着いたのが、暴力的なカルトであったことはこの国を震撼させました。生きる指標がないということが、人を不安にさせることを時代は認識したのです。

あの事件が起こって今なお、若者たちの超自然的なものに対する憧れは尽きることはありません。パワースポットと呼ばれる場所を巡ることや、朝のニュース番組に今日の運勢占いが消えることはなく、超自然的な価値判断を求め、絶対的な指針を求める人間の姿は、失われていません。また、スポーツ選手たちの「最後は自分を信じました！」という言葉には、最後は自分を信じるしかない人間の悲しさを思い知らされます。結局、自分の人生の指針は、自分にとって心地よい何かを選び取ることしかないのが現実です。

ではどうやって、キリスト者は生きる指針を見つけているのでしょうか。私たちは何かの判断をするときに、聖書を開き、みことばの導きを求めようとします。しかし、そこに自分の選びたい判断を後押ししてくれそうな聖書の言葉がなかったときは、「人生って難しいよね」と判断を先送りにすることもあるでしょう。あるいは厳しい聖書の言葉に押しつぶされそうになり、窮屈だと思えてくる信仰生活を続けていくことを躊躇《ちゅうちょ》することも起こります。そして差し迫った判断をする際は、結局のところ「周りからどう思われるだろうか?」と、友人たちの目線を気にしながら、世の中とできるだけ同じ判断をしていこうとする自分の信仰の限界に小さくため息をついてしまうのです。

たとえ自らの発言をキリスト教用語で塗り固めた言葉で用意したとしても、その言葉はつぎはぎだらけで、キリスト者としての生き方から生まれていない言葉のように映ります。私たちの救われた後の倫理観は、まだまだ私たちを取り囲む「救われていない世界観」に深く影響され続けています。

ではキリスト者として一貫した判断、指針、基準を求めるとき、伸びやかで自由な確かな生き方は、どのようにして形成されるのでしょうか。過去のキリスト者たちはどのような選択をしながら、自由に生きる指針を手にしてきたのでしょうか。

そこで本書は、神が人間に示した十の指針、「十戒」を取り上げたいと思うのです。このことはこれから何度も繰り返すことになりますが、十戒をはじめとする律法は、人間を縛り付けるために与えられたものではありません。むしろ、私たちを自由へと解き放つために与えられた、良き知らせなのです。

十戒は自分を取り巻く諸問題にどのように向き合えばよいのか、その根本的な立ち位置を知らせてくれるものです。キリスト者にものの見方や考え方を与えてくれます。十戒は、私たちに染み付いている人間的な古い世界観に気づかせ、大きな神の歴史的な計画の中で、自由に生きるということを教えてくれるものなのです。それは私たちにキリスト教的な世界観、歴史観、人生観を与えてくれます。

私たちが手にしたいのは、自由への力強い指針です。私たちは、キリスト者として、どのように世界を見つめ、どのように歴史をとらえればよいのかを知りたいのです。そもそも自分自身がどのように神との関係を生きるように造られたのか、自分以外の誰かとどのように生きるように造られたのかを知りたいのです。そして罪人であった私たちが、キリスト者になってから変えられた生き方の大きな向きをはっきりと定めたいのです。

そして、聖書の光が放つ大きな方向性と構造性の中で、安心して生きることができる「体の向き」を手に入れたいのです。そしてその体の向きを保ちつつ、日常にある小さな判断をすることができる大きな指針を手に入れたいと思っています。やがてその方向性を手に入れたときに、骨の太い、息の長い信仰者がこの地上に生み出されていくことになるはずです。歴史に耐えうる信仰、神の歴史に参与する信仰、教会をはじめとした共同体を建て上げる信仰、そんな世界と歴史を形成するキリスト者が生まれてくることになるはずです。

十戒は、私たちがいかなる場所においても、キリスト教的世界観に基づいた自己の倫理観（生き方）を形成してくれます。キリスト教的世界観に基づいて判断し、行動し、神のみこころに沿った選択をすることを訓練してくれるものであり、私たちに与えられた神様からの祝福の賜物です。

本書は、最初から読んでいただいてもよいと思いますが、自分の興味・関心のある章から読み進めていただいてもかまいません。特に第四戒以降の方が読者の皆さんの現実的な倫理的課題と直接結びつくと思うからです。けれども、第四戒以降を学べば学ぶほど、第一戒から第三戒に記された神の愛と赦しに立ち帰ることの大切さに気づかされていくはずです。

この十戒が与えてくれる訓練期間を、本書を通して読者の皆さんと共に過ごしたいと願っています。そしてもしこの訓練期間に、私たちが誤った判断をしたとしても、たとえキリスト者であることをやめてしまいたくなる過ちを犯したとしても、十戒はそのつど、キリストによる十字架の赦しのもとに立ち帰らせてくれます。そして十戒のもたらす赦しの福音のあたたかさを身に帯びつつ、自由への指針が私たちの生き方に染み込む恵みを、共に味わいたいと思います。

目次

第三戒　礼拝が指し示す自由への指針　70

第六戒　人が生かされる世界のために

第八戒　裕福になることと搾取に生きるということ　159

改訂新版 自由への指針――今を生きるキリスト者の倫理と十戒

序論　十戒とは何か――約束に生きる民として

二枚の石の板

改めて問い直したいと思います。私たちはなぜキリスト者としてのものの見方、生き方、世界観の形成のために、十戒を学ぶのでしょうか。

十戒はいつの時代においても、信仰者の教育のために、教会の中で歴史的に重要視されてきました。とりわけ宗教改革期の『ジュネーヴ教会信仰問答』や『ハイデルベルク信仰問答』、また十七世紀の『ウェストミンスター大教理問答』や『小教理問答』などの重要なカテキズム（信仰問答）には、十戒の解説が必ず記されています。宗教改革者カルヴァンは礼拝の中で、使徒信条をはじめとする信条、主の祈りに加えて、十戒を告白するよう定めました。

しかし、日本の教会で実際に十戒が礼拝で告白されているところはどれだけあるでしょうか。また私たちは十戒の全文を覚えているでしょうか。むしろ十戒の順番すらあやふやに覚えていると言っていいのではないかと思います。

十戒は、この世の中で私たちがキリスト教信仰を持って生きるための具体的なありさまを示しているものです。つまり、信仰は心の内側のものだけではなく、この世界と時代にしっかりと足をつけ、生き方を伴うものとなるはずなのです。しかし、十戒が教会で大切にされないならば、信仰が精神化していくことにも道を開いていくこととなります。キリストの福音にとらえられ、「神様、あなたと共に歩んでいきます」と告白したとしても、信仰は心の問題、清らかな精神の問題、高く挙げられた魂の問題だけに制限されていき、実際の生活は全く別の行動原理で生きていくことになってしまうのです。その場合、信仰と生活が切り離されていき、「聖書がそうは言っても、実際は……」という声があがってくることとなります。

しかし、十戒が私たちに求めてくるものは、「福音の生活化」「信仰の生活化」です。十戒は旧約聖書で「二枚の石の板」「二枚の証しの板」と表現され、大きく二つの区分を持っています。第一の区分は神との関係が記され、第二の区分は神の民として人々の間でどのようにふるまい、いかに生きるかという生活が記されています。つまりこの両者の関係は一体であって、第一の区分の神様によってとらえられた者の生き方は、必ず第二の区分のこの世界と時代にその福音の影響を与えていく、という順序があるのです。

このように、「二枚の石の板」と呼ばれる十戒の二つの区分は、福音が生活化されることへと統合されることを目的としています。福音によって神との喜びに溢れ、その喜びに方向づけられた私たちの生活の指針が、この十戒なのです。十戒は、救われた私たちを堅く縛りつけるための窮屈な律法ではなく、福音に生かされる者たちの自由への指針なのです。

律法とは何か

ここで、そもそも誤解されやすい十戒をはじめとした契約、律法とは何かを考えておきたいと思います。契約とは旧約、新約の「約」であり、聖書を貫く重要な概念です。この「約束」を生きるということは、そもそも神が人間に与えられた責任であり、使命なのです。

創世記1章26節には、「さあ、人をわれわれのかたちとして、われわれの似姿に造ろう」と、神が人間を創造されたときのご計画が記されています。神様は父なる神、子なるキリスト、聖霊なる神の、三位一体の交わりを歴史が始まる以前から持っておられました。愛ゆえに一つなる神の交わりが永遠という場所にありました。この神の愛の交わりに満ち足りておられた神は、「光、あれ」と歴史を始められたときに、ご自分のかたちにかたどって、人間を造られたのです。

神が人間を造られた第一の目的は、交わりを持つ神に似せられて、神との交わりに生きることです。土から人間が造られたとき、人は神から「いのちの息」が吹き込まれて「生きる」ものとなりました。人間は息を吹き込まれる神様と、顔と顔とを合わせたところで「生きる」意味と使命を受け取るのです。神と面する交わりを失ったところでは、人間は人間として生きることができなくなるのです。

第二の目的は、神の国の建設です。神が「人を造ろう」と仰ったとき、「われわれ」という交わりを持っておられる神に似せられた人間に、「人がひとりでいるのは良くない」（創世2・18）と言われました。そして神様は人間をご自身にかたどり、「男と女」とに造られ、「生めよ。増えよ。地に満ちよ。地を従えよ」と、神を信じる夫婦から、子どもが生まれ、家族ができるように、さらに孫が生まれ、親戚ができ、町ができていくように、そして、その町からやがて、神の支配に満ちた神の国が生まれていくように、造られました。ここに人間が造られた第二の目的があります。人は神に似せられて、交わりを持って生きるように造られたのです。

この「神との交わりに生きること」と「人との交わりに生きること」は、十戒の二枚の板とも符合することです。また何より、主イエスが「律法の中心にあることは何ですか？」と尋ねられたときに、「神を愛すること」と「隣人を自分と同じように愛すること」と言われたこととも一致します。

神は、神との交わりに生きる「われわれ」を、この世界を耕し、地を従えて、神の国を建設するようにと望まれたのです。

しかし、この神の国建設は、人間に委ねられたといえども、人間が好き勝手に、やりたい放題してよいものではありませんでした。創世記2章16－17節には、「神である主は人に命じられた。『あなたは園のどの木からでも思いのまま食べてよい。しかし、善悪の知識の木からは、食べてはならない。その木から食べるとき、あなたは必ず死ぬ』」とあります。ここに神様が人間に与えられた約束があります。人には生きる目的を果たすために与えられた責任がありました。それは「約束に生きる」ということです。

人間は創造の最初から、約束の意味もわからないような赤ん坊のような存在として造られたのではありません。そうではなく、約束を守りうる大人として造られたのです。「約束を守る」ために、神と対話し、助けを求め、神の国を建設するために、愛に満ちた「われわれ」の形成のために、神との交わりに生きることが必要だったのです。「約束に生きる」とは、神との交わりに生きるということと同義語だったのです。

この神との約束の木は、園の中央にありました。アダムが目を上げると、いつも約束の木が目に入ったのです。アダムはその木を見上げながら、いつも神様との約束を思い起こし、園を耕し、妻を愛し、神との交わりの中を生きたのです。

また、この約束がエデンの園にあったということから、神が人間に与えられたのが、束縛ではなく自由であったということがよくわかります。「約束を守る」ということは、約束を守って生きるのか、それとも約束を守らずに生きるのかという選択の自由があります。神様は人間をプログラム通りに何一つ間違いを犯すことのないロボットのように造るのではなく、約束を守る自由と選択を与えられたのです。神様は人間を、約束を守りうる倫理的な存在として造られました。神の期待と尊敬をもって造られ、約束を破ることの意味も知りうる大人として創造されたのです。

エデンの園の約束の木は、結婚指輪のような存在です。私は自分の左手の薬指にはめている結婚指輪を見るたびに、あの結婚式で誓約した「一人だけの妻」との約束を思い起こします。そして指輪を誰にも見えるように薬指に身に付け、自分には結婚をした人がいることを周知させ、その約束に生きていることを証ししているのです。そうやって日々、妻を妻として愛することを選び取っているのです。

つまり、約束を守るということは、窮屈な縛られた生き方になるのではなく、約束をした相手との愛に生きるということを意味しています。だからこそ自分に自由を与え、尊敬と期待を持って約束してくれた神との愛に生きることを、私たちは日々選び取って生きていくのです。これはヨハネが「神の命令を守ること、それが、神を愛することです」（Ⅰヨハネ5・3）と語り、イエス・キリストが「だれでもわたしを愛する人は、わたしのことばを守ります」（ヨハネ14・23）と語られた通りです。

さらに覚えておきたいことは、十戒をはじめとした契約、律法は堕落する以前の世界からあるということです。律法は人間が罪を犯してから課せられたものではなく、そもそも人間に与えられたものなのです。このことは、私たちの律法、契約についての理解に大きな意味をもたらします。律法は、罪を犯した人間を縛り付けるためにあるのでも、裁きの恐ろしさを知らせるためにあるのでもないということです。

十戒や律法という契約は、人間が神のかたちに似せて創造された目的を責任を持って果たすためにあるのです。この世界で人間が生きるということは、「約束を守る」という誠実さと真摯さを伴うものでした。そして神との約束の言葉を誠実に口ずさみながら、神との交わりを楽しみ、神の存在を喜び、地を耕し、神の国を広げていく世界に生きるために造られたのです。

堕　落

しかし創世記3章で、人間はこの神の約束に生きることができずに堕落します。神との「約束に生きる」ことを止めたことから堕落が始まりました。

堕落により、人は何のために生きるのか、という目的を見失いました。堕落により、愛する妻との関係を損なうようになりました。堕落により、この自然界は神の国の建設に向かうのではなく、自己実現のために破壊され、荒らされることとなりました。神との交わりに生きることよりも、自分の思うがままに時間を使うようになりました。自由に生きることができなくなり、自由を求めながらも、不自由が私たちを縛り付けるようになったのです。生きることは苦痛となり、「非常に良かった」はずの人生から、喜びが消えていき、刹那的な快楽を楽しむよりほかなくなったのです。

しかし、神は人間を諦めることをなさいませんでした。神は、造られた世界を憐れみ、人間を憐れみ、もう一度人間がこの「約束に生きる」使命を回復できるように愛されたのです。三位一体の神の交わりに戻ってくるようにと、神は人を愛されたのです。約束を破った人間であるにもかかわらず、神の愛は続いていきます。そして再び神は人間に語りかけられ、神の側から人間と契約を結ぼうとされました。もはや堕落により、約束に生きることができなくなった人間に対して、神の側から交わりを開き、助けを与え、力になろうとされました。

そして生きる意味を失った人間に指針を与え、ノアと契約を結ばれ、アブラハム、モーセに与えられた契約により、再び人間が人間であることの尊厳を回復させようとされたのです。十戒をはじめとする約束は、人間が自分の使命を受け取るための神からの恵みの賜物なのです。この約束は、ダビデ契約へと続き、イエス・キリストの恵みの契約へと続くのです。

イエス・キリストこそ約束を守ることのできない私たちに代わって、神との約束をすべて守られた方です。何一つ罪を犯すことなく、神の前に完全に義となられた方です。このキリストの救いを受け取るとき、神との交わりに再び生きる恵みの契約が私たちに与えられました。そして、今もなお神は三位一体の交わりをもって、聖霊なる神を私たちのもとへと送り、私たちをとりなし、助け、キリストの言葉を思い起こさせてくださるのです。ここにもまた三位一体の歴史に働く一体的な関わりが、私たちに注がれているのです。

これほどまでの神の愛に応えたい、と願う私たちに、律法は今一度神を愛することを教えてくれます。それはこの世界を生きていくための力になり、自由に伸びやかに生きることのできる福音の道筋を指し示してくれるものです。

十戒の効用と三用法

さて、十戒が果たしてきた役割には三つのことがあると言われてきました。これを「律法の三用法」、あるいは十戒がもたらす効果という意味で、「律法の三効用」とも言います。

⑴市民的・政治的用法として――何が正しいことなのかを人間に認知させる

第一のことは市民的・政治的用法です。罪に堕落した人間は何が正しいことかわからなくなり、悪に歯止めがきかず、人間社会には混乱が生まれました。神が与えてくださった律法には、そのような人間社会に法的秩序をもたらす効果があります。社会を形成する上で必要な決めごと、さらに国家を形成するときに必要になってくる法の役割を、十戒は果たしています。

また人間関係で起こってくる争いを治め、調停し、法に違反した場合の罰則もあり、約束違反をした際の報いの罰も語られます。この罰則により、罪を犯すことの抑止が機能するようにもなっています。つまり、罪の裁きの深刻さと悲惨さが十戒には明文化されており、悪の抑制の役割を果たしているのです。ここに律法のもたらす社会的な秩序への効果があります。

⑵養育係・教育係として――キリストの救いを求めさせる

第二のことは、律法の養育係・教育係としての役割です。パウロが「律法は私たちをキリストに導く養育係となりました」（ガラテヤ3・24）と記しているように、律法は私たちが徹底的に罪人であるということを、知らしめてくれます。私たちが聖書を読み、十戒に現される生き方を本気で実行しようとするとき、私たちは自分の罪の深刻さに向き合うこととなります。「欲してはならない」と言われる約束を知っていても欲しがってしまう自分の弱さに直面するのです。「姦淫してはならない」という戒めが、情欲をいだいて女性を見ることが含まれると知ったとき、罪に無力な自分に絶望します。

そしてそのときにこそ、私たちがキリストのもとに行くしかないことを律法は気づかせてくれるのです。律法はキリストのもとへと導く養育係としての役割を果たしてくれます。私たちは律法を知るときにこそ、人間の唯一の救いはイエス・キリストにしかないことを本当の意味で自覚させられるのです。

ですから、もし私たちが律法によって自分の罪深さと罪の裁きの厳しさを知らないならば、キリストの圧倒的な赦しと恵みの大きさを理解することはできません。自分にとって心地よい響きである聖書の言葉だけを探し、「愛されているよ」という言葉にのみ浸っているならば、本当の意味でイエス・キリストと出会うことはできないのです。

十戒は、キリストの十字架のもとへと向かう私たちの足を早めてくれる養育係として私たちを待っていてくれます。カルヴァンは、ストラスブールの教会の礼拝式文を作成した際に、十戒を唱えるように定めました。そして一つの戒めを口にするごとに、「キリエ・エレイソン（主よ、憐れみたまえ）」という主の赦しを祈り求める歌を歌いました。十戒が、主の憐れみと赦しの祈りを生み出してくれることを知っていたのです。逆に十字架の赦しの宣言がある場所以外で、私たちは十戒を口にすることも、読むこともできないのです。

(3)規範・義の基準として――救われた者としての感謝と献身の生活へ

そして第三のことは、罪が赦され、新しくされた神の民が「いかに生きるか」を指し示す規範・義の基準としての用法です。

十戒には確かに「～してはならない」と記されています。しかし、「殺してはならない」という戒めは、私たちをどのようないのちも軽んじることをしない生き方へと連れて行こうとしています。「姦淫してはならない」という教えは、一人の妻を愛し抜く生き方へと連れて行こうとします。「男は浮気をするものだ」という言葉を聞いてもなお、妻を愛し、子どもたちを愛し抜く神の国の文化形成へと私たちを導きます。十戒は律法の持つ光の射程を、私たちにはっきりと映し出してくれるのです。

十戒本文の「～してはならない」とは、同時に「～しなくとも生きることができる」自由なる生き方を語ります。そしてそれ以上に、「～をしないことで生み出される神の国の文化」を形成する者へと私たちを導こうとしてくれるのです。

この十戒の持つ第三番目の用法こそ、今回、私たちが手に入れたいと願っている自由への指針なのです。律法の「〜してはならない」という規定の持つ束縛から、聖書の放つ光の生き方へ、伸びやかに自由に生きる指針としての役割を受け取ろうと思っています。

この律法の第三用法をきちんと意識するとき、私たちの福音理解が根底から変わり、地に足のついた信仰となり、人間が創造された目的に沿って、この地上でいかに生きるかという人間存在の目的に立ち返ることができるのです。

自由への指針としての十戒

キリスト教会で十戒が用いられなくなっている理由の一つは、この第三用法の理解が深まってこなかったことにあるのではないかと思います。初めて教会に来る人がびっくりするのではないかと恐れ、教会に律法主義的な空気が生まれていくことを警戒したのかもしれません。けれども私たちの側が十戒から離れていってしまうのであれば、私たちは十戒がもたらす祝福を受け取り損ね、いつまでも大人になることのできない教会となっていってしまいます。

しかし、共に十戒を学び、十戒の持つ意味と祝福を受け取って派遣されていくときに、神との交わりを回復したキリスト者がこの世界に確かなインパクトをもたらすようになるのです。そして、教会はまさに愛し合う「われわれ」が形成されている神の国の最前線となり、神の約束の言葉を語り、この「われわれ」に入りたいと願う人々への福音宣教の拠点となっていくのです。

そうするとき、少しずつ約束に生きる「神の国」の文化が生み出されていきます。十戒こそ、この生き方をもたらしてくれる福音宣教へと私たちを促してくれますし、十戒こそ福音が内面のことだけでなく、全生活、全領域にもたらされる福音として、伝えるべき福音の内容についても吟味してくれるのです。

また時代を超えて移ろいやすい倫理観が取り囲む中で、時代と歴史を支配されている神の大いなる計画において、時代の進歩に沿った倫理的決断をすることも恐れることはなくなります。もちろんいまだ、現代のキリスト教会としての態度決定を決めかねている分野があります。

しかし、私たちは十戒が放つ光の「向き」に従って、聖書に聞きつつ、聖書の向きに体と頭を合わせて生きることで、その一つひとつの分野にもふさわしい問いを立て、キリスト教的に考え抜いていくことを怠らない歩みをしていきたいと思います。そうやって私たちは聖書全体が放つものの見方を把握し、自分が影響されてきた世界観から、福音によって自由に解き放たれて、聖書的な世界観の形成に貢献していきたいのです。

「あなたがたは、わたしのことばにとどまるなら、本当にわたしの弟子です。あなたがたは真理を知り、真理はあなたがたを自由にします」（ヨハネ8・31－32）。

意見交換のために

1　あなたがこれまで十戒や律法に対して持っていたイメージはどんなものでしたか。
2　あなたが約束を守ることを妨げるものには、どんなものがありますか。
3　神の与える「自由を生きる」とは、どんな信仰生活になると思いますか。
4　自由に生きていくための律法は、今後あなたにどんな影響を与えると思いますか。

第一戒　愛に生きるために

それから神は次のすべてのことばを告げられた。「わたしは、あなたをエジプトの国、奴隷の家から導き出したあなたの神、主である。あなたには、わたし以外に、ほかの神があってはならない」。

（出エジプト20・1－3）

「それから神は」

十戒が記されているのは出エジプト記20章です。その冒頭の1－2節は、「それから神は次のすべてのことばを告げられた。『わたしは、あなたをエジプトの国、奴隷の家から導き出したあなたの神、主である』」と始まります。

ここには「それから神は」とあります。ここには「はじめに神は」と始まる創世記と同じく、神存在の証明はありません。聖書は、いずれの箇所においても「神はいるのか、いないのか」という神存在を証明しようとする姿勢はありません。十戒もまた、神はいるかいないかの前提を議論しようとする姿勢はなく、神の存在は前提となっています。

しかし世界中には、「ほかの神があってはならない」と十戒が論じるように、無数の神々が存在します。さらに現代は「神なき時代」です。神なき時代の神なき倫理もまた数多く存在します。そこで私たちは「それから神は」と当然のごとく始める十戒から、「神存在を抜きにして、倫理は機能するのか」ということをはじめに考えてみようと思います。

神存在を抜きにして倫理を考えた人にニーチェがいます。「神は死んだ」と語り、現代の倫理、哲学に大きな影響を与えました。ニーチェが「神は死んだ」と言うとき、「最近まで生きていた神様が、この前死にました」という意味ではありません。神とは絶対的真理の象徴的な表現で、誰もが正しいと信じる価値観のことを指します。「神は死んだ」とは、絶対的な価値観など、もはやどこにもないのだということを意味するのです。

ニーチェは、人間が生きるために必要なことは、世界が虚しいこと、無価値であることを認め、なおそれを乗り越えて生きることだと主張しました。ニーチェの哲学には「超人」という概念があります。「超人」とは集団心理の中で群れることなく、自分にとっての良いことを基準に、自らの生きる道を自分で決めることができるような自由な心を持った人であり、このような人になることを誰もが願っています。

ニーチェがこのように語ったことの背景には、当時の「〜でなければならない」というキリスト教会の律法主義的な拘束への批判がありました。キリスト教会では信徒たちが自分で考えることなく、自分で悩むことなく、誰かが考えてくれる倫理基準をそのまま鵜呑みにし、むしろ絶えず被害者意識の中で群れていく人間を生み出しているだけだとニーチェは見ていたのです。この批判は確かに当たっているものであったでしょう。またその意味で、ニーチェは、十戒などに見られる律法は、その律法主義的な最たるもので、人間の自由を拘束するものと考えていました。

しかしここで考えたいのは、自由な心を持った「超人」という概念こそ、真理なき世界を生き抜くことのできる人間に対する信頼を諦めていないことです。その意味ではニーチェの哲学は虚無主義と言いながらも、人間の希望を信じているロマンチシズムです。さらに問題は、「超人とはいかなる存在か?」ということを絶えず象徴的に求められ、超人になりうる人間モデルが必要とされることです。そしてニーチェ本人が意図しなかったにもかかわらず、ナチスのヒトラーに「超人」を見ようとした人たちにニーチェの思想は利用されました。

日本でも社会学者の宮台真司が、真理を求めてオウム真理教にハマっていく若者を分析し、むしろ人間的な強度においては、自らの下着を売ることのできる女子高生の方が強度があると論じました。しかし、宮台真司も宮代の信奉者の一人の学生が、そのように生きていくことのできない自らに失望し、自殺を選んでしまったときに、天皇にそのモデルを求めるようになりました。ここでも「神などいない」と言いながらも、人間信仰という批判を避けられません。そして何よりも問題なのは、人間の神化が起こることです。

しかも人間存在の持つ弱さを認め、そこを「超えていく（開き直る）」ことを求めたとしても、それを超えることも、開き直ることもできない人間の深刻な罪や、その罪のゆえに「超えて」生きることができない人間の現実について取り上げないという点は、人間理解に深刻な課題を持っていると言わざるをえません。

聖書において人間の倫理は、人間が「神のかたち」に似せて創造されたことに起因していると語ります。神のかたちに似せて造られた人間は、神との交わりに生きるように造られ、堕落後も神的な何かしらを信じざるを得ません。何かしらの価値を「信じる」という行為を抜きにした「良き生き方」など存在しないと言えるでしょう。「真理など何一つない」と言っていては、人は生きていくことはできないのです。

しかし、神的な存在への信頼が良き倫理を生み出すのであれば、何もキリスト教信仰ではなくとも良いことになります。

日本の靖国史観のような倫理道徳は、権力の側が統制し、戦中の思想統制に用いられました。ここではまさにニーチェの批判する律法主義的な「～しなければならない」を、国民に押し付け、思考停止を求め、「非国民」という言葉によって自由が奪い取られていきました。

では、十戒が指し示すキリスト者の生き方も、やはりニーチェの指摘するように、考えることを奪う律法主義的なものなのでしょうか。

第一戒は、そのような批判を真っ向から否定し、自由への指針としての旗を大胆に振り上げるのです。

「それから」とは何からなのか

十戒が「それから神は……」という限り、「何か」事柄があってから、十戒という約束が神と人との間にもたらされたことがわかります。つまり神と何かしらの経験、歴史、関係性があってから第一戒が始まるのです。私たちはこの点を見逃してはいけません。

では、何があってから神は、十戒を与えられたのでしょうか。

出エジプト記19章で、神はイスラエルにこう語られます。「『あなたがたは、わたしがエジプトにしたこと、また、あなたがたを鷲の翼に乗せて、わたしのもとに連れて来たことを見た。今、もしあなたがたが確かにわたしの声に聞き従い、わたしの契約を守るなら、あなたがたはあらゆる民族の中にあって、わたしの宝となる。全世界はわたしのものであるから。あなたがたは、わたしにとって祭司の王国、聖なる国民となる』。これが、イスラエルの子らにあなたが語るべきことばである」(4－6節)。

ここでは、イスラエルが見てきた、エジプトで神がイスラエルを救い出し、神のもとへと連れてこられたことが「鷲の翼に乗せて」と愛情豊かに語られています。そして「今、もしあなたがたが確かにわたしの声に聞き従い、わたしの契約を守るなら」と、イスラエルの神への愛を問いただし、「わたしの宝となる」、「祭司の王国、聖なる国民となる」という神の愛の告白が綴られています。神はここまでの旅で、ご自分が全幅の信頼を寄せるのにふさわしい神であることを十分に見せた上で、十戒という契約を結ぼうと神の民を招かれました。十戒において神と人との間には、愛の関係の歴史的経緯があるのです。

そして民は口をそろえて答えます。「私たちは主の言われたことをすべて行います」。そこでモーセは、民の言葉を主に持って帰っていきました。これはまるで神からのプロポーズを受け取り、愛の誓約をした結婚式のような瞬間です。この愛のやり取りのあった後に、20章の「それから神は」と、十戒を与えられるのです。

ここからわかるように、十戒は神が人間に一方的に押し付けたものではありません。これまでの旅において、神の愛を知ったイスラエルが神の愛への応答として受け取ったものであり、また神の愛に意志を持って応える人間の自由なる応答がそこにはあるのです。ここには人間の側の思考停止はなく、権力側の支配構造もありません。十戒に現される神の契約の性格は、神と共に生きようとする神の民への愛の宣言から始まるのです。このことは、十戒が奴隷の家からの解放の宣言であると同時に、強く覚えておかなければなりません。

そして、十戒こそ神への愛の応答の有様としての人間の生き方が示されているものなのです。

第一戒の始まり

何より第一戒の中心にあることは、神を愛して生きることとです。だからこそ神は、第一戒を「あなたには、わたし以外に、ほかの神があってはならない」から始められませんでした。第一戒は、十戒の背景が記されている「わたしは、あなたをエジプトの国、奴隷の家から導き出したあなたの神、主である」から始められているのです。

もしこの「エジプトの国、奴隷の家から導き出した」という言葉を抜きにしてしまうならば、十戒を受け取るまでの神とイスラエルの愛の経緯は伝わらず、律法主義への道を開くこととなります。この乗車口から乗るか乗らないかが、十戒が福音的なものになるか律法主義的になるかの分かれ道となってしまうのです。

さらに第一戒が教えていることは、この十戒を手にする前の人間は、「エジプトの国、奴隷の家」にいたのだという事実です。それは自分ではどうしようもない、罪の絶望の中を人間は生きているという定義です。

第一戒は、イスラエルが過去に、「エジプトの国、奴隷の家」にいたことを確認し、イスラエルにつながる子孫たちにも私たち人類が罪のうちにあり、自由を失い、真理を失い、生きる意味を失った奴隷状態にあることを伝えているのです。

十戒は、今日においてもなお人間に希望を持ち、人間の力を信頼しようとする人間信仰への期待を一蹴します。人間はどこまでも罪人であり、「奴隷の家」にいる人間の罪の悲惨さの中にあることへの自覚を促し、人間の神格化をさせません。

さらに罪の奴隷状態にいる人間が開き直り、「しょせん世界なんて……、人生なんて……。真理などない、本当に正しいものなどない」と諦めてしまおうとしても、「あなたを奴隷のままで終わらせない」と宣言します。神はあなたを諦めず、あなたを救い出す。そんな神がいるのだと十戒は私たちに今日も高らかに語るのです。「この世界には神がおられる。神は世界と人間に意味を与え、今もこの歴史に関わり続け、何よりもあなたに介入し続け、あなたを奴隷の家から救い出す強い意志を持っている」と言うのです。

何度も言うのですが、十戒を与えられた神は、人間を不自由に束縛しようとしておられるのではありません。むしろ不自由に生きざるを得ない私たち人間に対して、自由へと解き放とうとしておられるのです。十戒は、奴隷の家から私たちを勝ち取った神である夫から、妻イスラエルへの愛の宣言として聞くべきなのです。

名指しされる愛と求められる態度決定

さらに第一戒の一つの特徴は、「あなたの神」と個人的に名指しされていることです。それゆえ、ときに十戒は「個人主義」的な倫理観が形成されるという批判がありました。しかし19章におけるイスラエルの民が口をそろえて「あなたに従います」と応えたところを見る限り、この批判は当たりません。

むしろ聖書の道筋が本来「あなたがた」とイスラエル共同体、教会共同体に語るということがありながらもなお、十戒では神が「あなた」と名指しをされることに意味があります。それは、ここまで愛してくれる神の愛を前にして「あなたはどうするのですか？」という問いかけの前に人間が立たされているという事実です。「他の誰かがどうするかではなく、周囲の目を見ながら選び取るのでもない。あなたはどうするのだ？」ということなのです。「あなた」と名指しをすることは十戒の持つもう一つの大切な性格です。

神は今、十戒に片手を置いて、私たちの前に愛の面持ちで立っておられます。

キリスト者の「良き生活」の基盤は、愛してくださる神を愛するという愛によって方向づけられ、基礎づけられるということは今までも確認してきました。愛とは「～しなければならない」という律法主義的な響きではなく、「～したくてしょうがない」という愛してもらったことへの感謝の応答と、この人を「愛したい」という情熱によって生み出されるものです。

キリスト者の倫理の基礎は、エジプトから導き出した神の愛であり、イエス・キリストの十字架の愛です。神の人格的な愛に基礎づけられ、「あなたをエジプトの国、奴隷の家から導き出した」救いの神が、「わたしはあなたの神、主である」と語られ、この神の愛に人格的に愛をもって応答するというところから、私たちの倫理的な「良き生活」は始まるのです。

このような道徳観、倫理観はいわゆる他宗教の宗教倫理と一線を画しています。十戒が指し示すのは、崇高な理想的な倫理を追い求めるようにという、いわば道徳性に基礎づけられたものではありません。もし神を愛さずに生きるならば、罪人であり、不自由な奴隷の霊に生きてしまっている私たちは、やがて神に束縛され、不自由な律法主義的な宗教者の生き方に落ち込んでしまうこととなるでしょう。それではニーチェが批判したキリスト教に陥ってしまうことになりかねません。

愛の応答

そして、この愛の十戒を理解したときに、第一戒の「あなたには、わたし以外に、ほかの神があってはならない」という言葉が、全く違って聞こえてくることとなるでしょう。

この第一戒は、時に冷たく厳しい一神教の神を語っているとされ、他宗教の神を認めない「器が狭い」神だと理解される原因となります。しかし、もし私の妻が私に対して、「私が他の男性と関係を持ってもいいでしょ。あなたは器が狭いのね」と言われたら、「そうか、怒るのはやっぱり寛容じゃないか……」と反省したりは、しません！　むしろ「じゃあ、他の誰とでも体の関係を自由に持ったら。別に何でもいいよ」と私が言うのであれば、それは愛の放棄です。

第一戒の行動原理が愛なのであれば、他の神々への心移りがあってはならないのは当然のことです。十戒とは、そもそも結婚式の誓約の瞬間に与えられたものなのです。

「わたしのほかに」

さらに第一戒の「わたしのほかに」という言葉があります。この言葉を本来の語に正確に訳すと、「私の前で」「私の顔の前で」という意味を持ちます。つまり「あなたは私の顔の前で生きていきなさい」という意味を持っているのです。

つまり、第一戒の「わたしのほかに、ほかの神があってはならない」という戒めは、あなたは他の誰かの目の前で生きるのではなく、神の目の前で生きていきなさい、ということなのです。私たちの生の全領域を、神のまなざしの前に置くことを選ぶということなのです。宗教改革者はこの生き方を「コーラム・デオ（神の御前で）」と言い表しました。それは神の前で隠されたところのない生き方をするということです。

私は結婚の誓約のときに、この妻だけを愛することを誓約しましたが、それは「妻に言えないことはしない」ということを意味しています。妻の前に置くことのできない秘密の時間を自分は持たないし、妻に言えないところには自分は行かないということを意味しています。愛とは、相手に隠すことのない生き方をするということです。

第一戒は、この神のまなざしの前で全領域、全部の時間を生かされていくことの祝福を語るのです。しかし、この神の前に生きているという倫理観がもたらす生き方は、神に見張られているという意識を生み出すのではないか、という思いになるかもしれません。しかし、私たちが普段さらされているまなざしは、相対的に移り変わりやすいものです。私たちの判断基準が、変わりゆく人間の評価、賞賛や一部分しか見ることなく判断されてしまうときに、私たちはそこで強く傷つきますし、報われない思いに落ち込むこととなります。

しかし、「わたし」と言われる人格的な神が、愛のまなざしをもって、変わることなく私の生きているすべてをきちんと見ていてくださっているという安心感こそ、第一戒が与えてくれるものなのです。そして私たちはもはや、移りゆく人の評価に縛りつけられた不自由さを感じることなく、あるいは流行に振り回されず、揺るぎない人生の価値判断を手にすることができるのです。

悔い改めと、赦しと憐れみの中を生きる安心

さらに、私たちが神のまなざしの前に自覚して生きるとき、今までの自分自身のしてきた判断や選択が、実は神の喜ばれるものから程遠いものであったことを省みることができます。一日を終えたときに、自分が神様のまなざしの前でどんな過ちを犯してしまったのか、何が神に喜ばれない生き方であったのかを振り返り、悔い改め、向きを変えることができるのです。

そしてもし大きな判断の間違いをその日にしたとしても、大きな罪を犯したとしても、何より十戒に反する歩みをしたとしても、私たちはやり直して生きることができるのです。なぜなら、

私を見つめておられる神は、エジプトから救い出してくださる赦しと贖いの神であることを、私たちはもう既に知っているからです。

神の前で生きるとは、神の赦しと憐れみの中で、やり直しのきく人生への招きです。人生において何度でも新たに踏み出すことができるのです。これから続く九つの戒め（約束）を受け取っていくためにも、第一戒が、赦しの神の前で生きることを語っている意味は非常に大きいのです。

「ほかの神があってはならない」

さらに第一戒において大切なことは、第一戒には「ほかの神があってはならない」という警告があることです。これは「偶像を造ってはならない」という第二戒の戒めへと続いていくのですが、ここで注目しておきたいことは、十戒の「〜しなければならない」という表現です。この表現は断定宣言です。これは選択の余地がありながら、こちらを選んだほうがいいという程度の意味ではありません。「〜しないはずがない」「〜に生きることになっている」という、それを選ばずにはおれないという意味なのです。これは、この神の愛にとらえられてしまったら、「私のほかに、ほかの神々を愛するはずがない」という意味です。

これはほかの戒めにも共通する響きです。この神の愛にとらえられたら「殺したりするはずがない」、「盗むよりも、与える人生を生きることとなっている」という意味です。ここでもまた、愛が十戒の基盤となっていることがよくわかります。

倫理的生活の始まり

それでは神を愛するということが、私たちにいかなる倫理観をもたらすのでしょうか。神を神とするということは、人間にとって超越した神存在を認めることとなり、絶対的・普遍的な神の前に人間は絶えず限界を持っていることを認めることとなります。そして神に聞きながら、謙遜に生きる生き方を生み出していくのです。なぜなら、人間は神を持たない限り、自ら神のごとくふるまい、傲慢な生き方をするからです。

しかし一方で、その神が傲慢で、束縛する神であるならば、人間は神を持ったとしても不自由な生き方となることは繰り返し確認してきたことです。十戒を与えた神は、私たちに我慢を強いて束縛するような傲慢な神ではありません。むしろ十戒に現される愛の神を愛することは、愛によって自分の人生を問い直すこととなります。自分の行動の動機が愛であったのか、愛によって今日も生きることができたのかを問い直し、神が愛しておられる人を愛することへと促されていくこととなります。

この十戒に示される神を愛して生きるという倫理的決断こそ、家族を愛して生きる、妻を愛して生きる、隣人を愛して生きる、貧しい人、虐げられる人を愛して生きるという、愛に生きるキリスト者の倫理的生活の出発点となるのです。
私たちは十戒の第一戒に現された神と共に生きるとき、神の持っておられるあたたかいまなざしを想像します。そしてそのまなざしから家族の抱える問題を見つめることができるようになるのです。神の持っておられる憐れみと赦しのまなざしを持って、職場の同僚の失敗を受け止めることができるようになるのです。神が諦めずに、深いうめきをもってとりなしの祈りをなされるように、教会における兄弟姉妹のことを祈ることができるようになるのです。神を愛すること――それが十戒の一枚目の板に記されている、私たちに与えられた自由への道しるべなのです。

意見交換のために

1 これまで第一戒に対してどんなイメージを抱いていましたか。
2 「それから神は」という神様とあなたのこれまでの歩みを分かち合ってください。
3 自分を名指しで愛してくれる神への愛の応答として、あなたが神様に表現したいことはどんなことですか。
4 神の愛に応答して生きるあなたの具体的で、小さな一歩を分かち合ってください。

第二戒　考えることを奪う偶像化する社会の中で

「あなたは自分のために偶像を造ってはならない。上の天にあるものでも、下の地にあるものでも、地の下の水の中にあるものでも、いかなる形をも造ってはならない。それらを拝んではならない。それらに仕えてはならない。あなたの神、主であるわたしは、ねたみの神。わたしを憎む者には父の咎を子に報い、三代、四代にまで及ぼし、わたしを愛し、わたしの命令を守る者には、恵みを千代にまで施すからである」。

（出エジプト20・4－6）

闘いに生きるキリスト者の倫理

私たちは、これまでのところで十戒の持つ「約束に生きる」という人間の創造の使命と十戒との関係を見てきましたし、第一戒の放つ自由の生き方は「愛に生きること」だと確認してきました。

では、第二戒が私たちに指し示す自由への生き方とは何でしょうか。それは不思議に聞こえるかもしれませんが、「闘いに生きる」ことです。「クリスチャンなのに、闘うのですか？」と尋ねられるかもしれません。しかし神と人を愛するがゆえに、闘うべき闘いがキリスト者にはあるのです。目の前にあるさまざまな問題に対して中立を決め込み、虐げられている人を傍目で見ながら、沈黙を保ち、声をあげることをしないことで、すでに偶像礼拝に加担することがあるからです。

第二戒「あなたは、自分のために、偶像を造ってはならない」という戒めは、通常の生活では見えにくい闘いの相手を、自覚的に意識することを求めてきます。第二戒は、私たちから「イエスは主」と告白することを巧妙に奪おうとし、神を神とすることから知らず知らずのうちに偶像礼拝をさせようとする力の本質を見抜き、キリスト者が闘うべき相手がいることと、闘うべき時を知らせてくれます。

そして第二戒は、自分に連なる数千代へと続く私たちの子どもたちに、偶像崇拝という負の遺産を残すことなく、恵みの祝福を残すことへと踏み出す勇気を与えてくれる戒めなのです。

十戒の区分の問題

第二戒の学びに入る前に、十戒の区分けについて考えておきたいと思います。というのは、第二戒をどこからにするかということでカトリック教会やルター派教会の伝統と、改革派教会の伝統とは違うからです。カトリック教会やルター派教会では「偶像を造ってはならない」は第一戒に含み込まれ、第二戒は「主の名をみだりに口にしてはならない」となっています。その後順次一つずつずれ、第九戒「隣人の家を欲してはならない」と第十戒「隣人の妻、男奴隷、女奴隷、牛、ろば……を欲してはならない」を区別しています。

しかし、カルヴァンの流れを汲む改革派教会では、カルヴァンが「第二戒は疑いもなく、主なる神によって別個の戒めとして与えられている」と言ったように、偶像礼拝の禁止を独立して第二戒と数えました。カトリック教会のように、第一戒と第二戒が一つになる問題点は、偶像礼拝の危険を自覚する姿勢が弱まることにあります。つまりそれは、「偶像礼拝とは何か」という問いを徹底して考え、問うことの機会を弱めてしまうことです。

しかし、私たちが第一戒において「まことの神を神とする」と言ったとき、その姿勢が当然生むもう一つの姿勢は、「神を神としない」偶像礼拝への明確な警戒感です。そして第二戒を独立させて重要な戒めとして心に刻むとき、私たちの前に現れてくる偶像礼拝を強要してくる勢力と闘う備えが、私たちの内に立ち上がってくるのです。

この区分の違いは、一見ほんのわずかな違いのように見えます。しかしカトリック教会では歴史の中で聖画、聖像の作成が起こり、それらが礼拝の手段、礼拝の対象になる道も開いてしまいました。また二十世紀のドイツにおいてナチ時代に神格化されたヒトラーの偶像性を見抜き、そのナチスと闘うことができたのは第二戒を大切にしてきた教会です。もちろんルター派にはボンヘッファーがいましたし、日本においては改革派的立場の教会も闘うことはできなかったのも事実です。しかし世界を見るときに、国家権力がキリスト教会を呑み込もうとしたり、利用しようとしたりするときに、権力の悪魔化を見抜くことのできる備えを持っているかどうかは、この第二戒の理解の違いが生み出したと言うことができると思います。

第二戒を独立して取り扱うことは、「偶像礼拝」に対する教会の闘いの姿勢を示しているのです。この意味で、第二戒はキリスト者に、偶像礼拝をさせてくるものに対する闘いの姿勢を定めるように求めているのです。

ほんの小さな違いと思えることであっても、時代を経ると大きな違いをもたらすことの一つの証しです。どうしてそんなに目くじらを立てるのかと思えるような小さなところで、実は信仰上の大切な闘いをしていることがあることを、キリスト者は注意して見ておかなければなりません。もしそこを譲ってしまうならば、後世に残る歴史的な敗北につながるということは決して少なくないのです。

考えることを奪う偶像

偶像を造ることの大きな問題点は、人間の思い通りにできる神を造り出すことです。偶像はものを言いません。自分の願いどおりの神を造り出すことができ、自分のやりたいことに神の権威づけをすることができます。これは人間として便利です。偶像は自分に都合の悪いことを言ってこないからです。

フォイエルバッハは、「宗教とは自己の願望の投影だ」と語りました。この言葉を受けて、マルクスは「宗教は人民のアヘンだ」と言い、宗教を批判したのです。つまり宗教とは自分の深いところの願望を「神」という言葉で言い換えて、自分の置かれている状況を諦め、変革する力を喪失させてしまっている状況だと批判したのです。さらに「何が本当に価値あるものなのか」という問いを人間から奪い、人が人として生きるための考える力、生きる力、価値判断を奪うのだと考えたのです。

確かに偶像にはその力があります。偶像を造ることによって、偶像の提供する価値観を無批判に受け入れ、考えることを止めてしまうことも人間には起こりうるからです。それは今日にあっても、偶像と言えるような時代の価値観や空気感が、私たちから考えることを奪いに来ようとしています。偶像を造り出す側の意図に沿って偶像的価値観は活躍し、私たちはその意図に巻き込まれていくことがあるからです。

この時代は、「何が本当に価値あることなのか」と考えることを奪ってきます。そして「人間の生きる価値については、私たちが考えてあげるから、あなたはその価値を追い求めることに一生懸命になりなさい」と価値を押し付けてくる社会です。テレビをつければコマーシャルが「この車に乗っていないと本当に幸せにはなれませんよ」と言ってきます。就職難が続く中では「資格を手に入れることが大切です。資格はあなたの人生に安心を与えます」、あるいは「もし資格がなかったとしても、この保険があれば大丈夫です」と、人生における漠然とした不安感を煽ってきます。偶像は「これさえ手に入れれば大丈夫！」と、入手した一瞬だけ訪れる全能感を満たしてくれる存在です。しかし、満たされた瞬間から即座に、「でも、あれが足りないのでは……。これが足りないのでは……」とまたもや不安感を煽ってくるのです。そして今一度全能感を満たすために、偶像に絡め取られていくということが起こるのです。

これらの偶像化した社会の中で語られる語り口は、「何のためにそれらを用いるのか」という目的は問いません。「それを手に入れることで、あなたの人生は……」と、むしろ手に入れることが目的となり、その目的達成をすると次の目的が目の前に現れるのです。そのプロセスでは「何のために生きるのか」という人生の問いは、偶像提供者が考えるものであって、「あなたは考える必要がない」と言われます。そして「何のためにそれを用いるのか」を考えるのではなく、それを手に入れることをまず考えなさいと迫ってくるのです。

言うまでもなく受験勉強はそうだったでしょう。「何のために勉強をするのか」ではなく、「〇〇大学の合格を手に入れるなら、あなたの人生は良くなる」と言われ続けてきたはずです。「生きる意味、人生の意味を考えている暇があったら、勉強しなさい」と言われたはずです。そして大学に入ったら考えようと思っていた大きな人生の問いも、「就職できるか」という不安に煽られ、「何のために働くのか」という問いなどは考える暇が与えられません。

そして私たちは神を神として生きることで与えられる自由や、愛や、使命や責任といった神の国の価値観に生きることよりも、社会が与えてくる価値、人間に万能感を与える偶像を手に入れることのほうを選び取るようになり、いつの間にかそのような偶像を自分の心に刻み始めるのです。

偶像崇拝を見分ける難しさ

『ハイデルベルク信仰問答』問95は「偶像崇拝とは何ですか」と問い、こう答えます。「御言葉において御自身を啓示された、唯一のまことの神に代えて、またはこの方と並べて、人が自分の信頼を置く何か他のものを考え出したり、所有したりすることです」（傍点筆者）。

ここに、偶像礼拝とは、「唯一のまことの神に代えて」と共に「この方と並べて」とあります。「まことの神に代えて」というのは偶像と見抜きやすいわけです。しかし「まことの神と並べて」自分の信頼を置く何かを見抜くのは難しいことです。「もちろん、神様を礼拝をすることは大切だよ。とてもいいことじゃないか。でも、α《アルファ》も結構信頼置けるからね」と選択基準の中に「神＋α《アルファ》」を迫ってくるのです。

このアプローチは、出エジプト記において、パロがモーセに迫ったアプローチです。「荒野に行って神を礼拝するのはもちろん素晴らしい。私のために祈ってきてくれ。でも男だけにしなさい。家畜を連れていくことは許さない」。神を神とすることに付け足してくる価値を呑ませようとします。

サタンの常套手段は、いきなり「あれかこれか」を迫ってきたりはしません。そのような「あれかこれか」の闘いはわかりやすいからです。むしろ「あれとこれも」と、「神と並べ置く」ということを迫るのが悪魔の持つ実際的な手段です。

私たちキリスト者にとって倫理的課題が迫られる瞬間もまたそうです。いきなり究極的な「あれかこれか」を問われることはあまりありません。しかし日常の小さなところで「あれも大事だけど、これも」と迫られ、少しずつ少しずつ小さな敗北をしていくことになります。そしてやがて決定的な「あれかこれか」を迫られるときには、すでにサタンの手中に取り込まれてしまっていることが起こるのです。

もちろんキリストはすでにサタンに勝利をされています。むやみに恐れる必要もありませんし、霊的な何かへの警戒を高めることを言っているのでもありません。しかし、ペテロが言うようにほえ猛る獅子のように私たちを狙っている存在が、私たちを再び奴隷の家に連れて行こうとしている事実を認識しておく必要があります。キリストの勝利が確定していながらなお、未だ地上において残っている闘いがあるのです。第二戒は、この闘いにおいて、神を神とさせない「偶像」について強い自覚を求めてくるのです。

偶像を用いて

さてこのような偶像を用いて、神のかたちに生きることを阻もうとする存在とは、具体的にいったいどのような存在なのでしょうか。歴史的に、偶像礼拝との闘いは、異教との闘いということとともに、宗教を統治のために利用しようとする国家との闘いという側面があります。イスラエルは、絶えず周辺諸国の政治的な支配とともに偶像礼拝の誘惑にさらされました。政治的な闘いと宗教的な闘いは結びついているのです。

なぜなら、国家権力にとって、考えない国民をつくることが国家を統治するために最もたやすい方法だからです。国家権力において都合の良い偶像の提示は、「価値基準」を権力が定めることができ、「何が本当に大切なことなのか」を国家が提供し、その問いを考えさせることを阻んできます。その意味ではマルクスの主張「宗教は人民のアヘンだ」は正しかったのです。

しかし、神存在を認めない共産主義国において、指導者の神格化が統治のために利用され、独裁政治を行うこととなりました。現代も中東、ヨーロッパにおいて、若者たちの命が神の名のゆえに戦争やテロに駆り立てられています。キリスト教もまた、ヨーロッパの帝国主義による植民地支配と征服政策に利用されつつ積極的に加担しました。

政教分離とは何か

しかしキリスト者は、第二戒をはっきりと自覚するとき、国家権力の悪魔化を管理監督する使命に立たされます。ここで言わんとしていることは、教会が政治運動をやるべきだということではありません。キリスト者は「イエスを主」と告白することを妨げようとする、信仰告白に関わる事態が起こったときに、そこにある偶像礼拝の問題を鋭く見抜き、神の言葉に立つゆえの闘いをする必要があるのです。

「政教分離の原則だから、宗教は政治に関わってはいけないんでしょ」と言われることがありますが、それは政教分離の原則理解が大きく間違っています。政教分離の原則とは、宗教が政治に関わらないのではなく、政治が宗教に介入し、宗教を統制し、利用しようとすることに介入させないという意味です。政治の宗教介入から教会の自律性を守ることを指しているのです。この教会の自律性を守る闘いのことを、教会は信教の自由を守る闘いとして表現してきました。

教会と国家の闘い

なぜここまで教会と国家について述べるかには、理由があります。なぜなら、日本のキリスト教会は、教会の自律性の闘いに大きな敗北を喫した歴史を持っているからです。それゆえに日本の教会は、世界のキリスト教会に対してこの経験のゆえに、伝えていかなければならない使命を帯びていると私は考えています。

では、私たちがこの第二戒のもつテーマにふさわしい倫理的判断をするためにも、日本における教会と国家の闘いの歴史について少し確認しておきましょう。

古くは豊臣秀吉から始まるキリシタン迫害です。秀吉はキリシタンの互いの信仰を励まし合うコンフラリヤ（組講）という交わりが、国家統一を目指す権力側から見ると統治を妨げる存在となることを察知しました。事実、迫害が始まるとコンフラリヤは迫害の抵抗組織となりました。さらに江戸時代に国学者たちによって徐々に形成されつつあった「神国日本」観とキリスト者の「神の国」との対立です。この天皇を中心とした国家神道は、明治政府の統治政策の基本思想となっていきます。

明治以降、国家は神道による宗教政策をとり、国家の安寧秩序を妨げない限り信教の自由を保証するという立場をとって、神社非宗教論を主張、展開していきます。そして国家が天皇家を神とした「祭祀」を行うことによって、天皇に超自然的権威を帯びさせることに成功しました。

キリスト教会は、この「神社参拝」は国民的儀礼であるという政府の答弁によって、「偶像礼拝とは何か」という問いを教会が問いまた判断するのではなく、国の判断に従い、教団合同にも従っていったのです。そして教会は、皇居のある方向に向かって深々と礼拝する「宮城遥拝」をした上で礼拝を始め、「君が代」を教会の公的な集会で歌いました。教会では戦争祈願の祈禱会を行い、さらに皇紀二千六百年の祝賀会をキリスト教会が開き、戦闘機二機を献上します。キリストの誕生によってではなく、日本神話を元にした元号によって歴史を数えることも行ったのです。

また日本基督教団統理の富田満は、伊勢神社を参拝し、教団成立を報告し、教団の発展を祈願しました。また大東亜共栄圏はアジアの植民地支配からの解放であり、キリスト者における神の国の建設であると教会は語り、「大東亜共栄圏に在る基督教徒に送る書翰」を送り、アジア侵略を肯定し、この戦争の正当性と神社参拝強制に自らが加担したのです。これにより、朝鮮半島をはじめとしたアジアのキリスト教会の迫害はより一層激しいものとなっていきます。

さらに、敗戦の折には多くの日本の教会は自覚的に戦中の教会の罪責を悔い改めるということよりも、「自分たちは被害者だった」という立場をとりました。福音派諸教会においては戦時中の教会の罪責の悔い改めは、戦後五十年を待つこととなりました。ここに第二戒に無自覚、あるいは偶像礼拝に自覚的・意欲的に加担した日本のキリスト教会の罪責があります。

闘う教会

しかし一方で、敗戦後ではありますが、戦中に行った偶像礼拝の罪の悔い改めに自覚的に取り組んだ教会は、第二戒の問題に向き合い、靖国神社国営化問題と闘っていきました。一九六四年から一九七四年に至るまで靖国神社を宗教法人から特殊法人とする法案が自民党から五回にわたって国会に提出され続けました。最後は強行採決により衆議院を通過したほどでした。キリスト教会はこの靖国闘争に加わり、ハンガーストライキもしながら廃案に追い込んでいきました。

また一九六八年には、自衛隊の公務中に交通事故でいのちを落とした人物を、クリスチャンの妻が反対したにもかかわらず、山口県の護国神社が勝手に合祀するという出来事が起こりました。これを信教の自由の侵害と訴え、地裁、高裁は勝訴しましたが、最高裁においては下級審の判決をすべて破棄、原告の訴えは敗訴となりました。ここで最高裁判決は信教の自由の闘いをすることを非寛容と断じ、みんな同じことをしているのだから……、あなたも同じことができないのは非寛容である、とされました。

さらに一九八八年には、長崎市の本島市長が「天皇の戦争責任はあると思います」と発言したことによって右翼から銃撃を受けるという事件が起こりました。この発言の背後にも市長がカトリック信者であることは、無関係ではないでしょう。

また、一九八八年における昭和天皇の容態急変のニュースが流れたとき、国中が報道を含めて「自粛ムード」に覆われました。しかし、明治学院大学は学長声明を出し、Xデーが来ても、白金祭を中止するとか、休講にするとか、半旗を掲げることは一切しない。天皇を美化したり、天皇制の絶対化、これを護持しようとする主張がどれほどの犠牲を生み、惨禍をもたらしたかを今後さらに明らかにせねばならず、天皇制を神聖化してはならない、という旨を発表しました。それによって学長宛てに脅迫電話がかかり続けました。

また日本の祝日と天皇家の行事との一体性からも、実はこの国は未だなお天皇制国家護持を形を変えて続けていることがよくわかります。二月十一日の建国記念の日は、神武天皇が即位したとされる日を紀元節として、この国の建国を記念する日としています。この「意図」に対して、教会はその日を「信教の自由を守る日」としてきたことも第二戒の闘いなのです。

第二戒の闘いの行く末

この闘いを闘い終えた後、どのようなかたちになっていることを目指しているのかということをも考えておく必要があります。つまり、私たちキリスト者にとって、第二戒の「神が神とされる」神の国の具体的な地上における実現は、どのようなかたちを取るのかということです。やがて完成する神の国を待ち望みながら、私たちはこの国でどのような第二戒の闘いをしていけばよいのでしょうか。

例えば、国歌国旗の問題を一つ取って考えてみます。終末において完成する神の国では、世界中の人が一つにされます。そこで神をほめたたえるとき、国の違いを意味する歌と旗を持つことは、やがての完成の日から見ると、何の意味もなくなります。もし教会の礼拝で、一つの国の国歌を歌うことになればそれは、そこに出席している他国籍の神の家族の礼拝出席者を考えないこととなり、終末に向かう礼拝としてはふさわしくないでしょう。

さらに今日に至る歴史的経緯を踏まえて考える必要もあります。つまり「神の国」の実際的なあり方は、一般化あるいは普遍化できるのかということです。イエス・キリストが語られた「神の国」もまた、あの時代のイスラエル国家における時代的・歴史的経緯の上にあります。その歴史的経緯を踏まえて、イエス・キリストの語られた神の国の実際的な有様について、具体的に考える必要があるということです。現在、欧米の国立大学では、「神学」は諸学との関係上、「宗教学」と形態を変え、さらに「比較文化論」と形を変えていこうとしています。教会は神学の「世俗化」とも闘わなければなりません。

一方で、キリスト教社会を形成したことのない日本においては、教会の闘いは、むしろ第一には国家を非宗教化させることですし、信仰告白の事態を見極め、声を発することでしょう。さらに司法の独立という意味でも正しい民主主義の確立、理念の再建をしなければならないだろうと思います。また一方で、戦後、キリスト教的原理によって生み出された日本国憲法なども再評価し、歴史的な神の賜物をこの時代の中で受け取り直す必要があるでしょう。今一度「日本的なるもの」を感情的に訴える時の勢力に対して、日本国憲法によって「法的監視」を行うことも、「考えることを奪っていく」政治権力に対する第二戒の闘いとなるでしょう。

キリスト教会はこの地上において「市民であり、旅人である」「この世にあって、この世のものにあらず」という性格を保ちつつ、やがての神の国の完成を待ち望むのです。いかなる神の国の政治形態を形成するかは、それぞれの国によって異なります。しかし、どこの国においても変わることがないのは、「イエスが王」「イエスが主」であるという告白が保たれる必要があるということです。

また第二戒は、キリスト教会の中で、自らの信じやすい神を刻み始めてはいないかという自浄力を喚起させることとなります。それは聖書の神を、教会の用いたいように偶像化させていないか、人間の都合のよい神に引きずり落としてはいないかという自覚です。もし私たちが聖書から伝えやすい神だけを切り取って語るのであれば、第二戒に抵触していることとなるのです。

そして何より、欧米、日本を問わず絶えず必要とされるのは、教会に委託された宣教の任務を果たす必要です。神を神とする民が宣教によって生み出されることが、何よりも偶像礼拝の闘いに勝利することであり、神の御名がみだりに唱えられない社会形成に関わることとなるのです。

千代の恵みを受け取る闘い

この第二戒の闘いを闘う場所は、まず何よりも私たちの主の日の礼拝だということを忘れてはいけません。「イエスこそ主であり、王である」と高らかに告白するのは、礼拝だからです。もし週ごとの礼拝が崩れてしまい、デモに出かけてしまうようであれば、私たちの信仰の中心が崩れていきます。礼拝こそ、私たちが神を神とするということを告白し抜く場所なのです。

キリスト者にとって、第二戒の闘いは、祈りの闘いであり、神の言葉による闘いです。第二戒に続く第三戒「主の名をみだりに口にしてはならない」は、私たちに「ふさわしい神の名の呼び方」を教えてくれますし、礼拝こそが本当の自由な生き方へと解き放ってくれる場所であることを思い起こさせてくれるのです。

時に「教会と国家」の関係を声高に語ることは、日本の宣教の前進を阻むものだという指摘をされることがあります。しかし、この闘いを闘うことなく、信仰を内面化させていくことは、十戒の指し示す私たちの自由なる生き方の向きとは大きく異なります。またこの切迫した時代の中で、第二戒の闘いを闘うことなく捧げている礼拝があるならば、その礼拝において、私たちの都合の良い偶像を刻んでしまっていることはないかということをよく問い直す必要があるでしょう。

最後に第二戒は、一つの約束を私たちにもたらします。それは「わたしを憎む者には、父の咎を子に報い、三代、四代にまで及ぼし、わたしを愛し、わたしの命令を守る者には、恵みを千代にまで施す」という約束です。

第二戒の闘いは、子孫のことを考えることを促します。私たちに委ねられた子どもたち、孫たちの世代も、安心して信仰を告白することができる教会、社会となるように、彼らの世代を守る闘いともなるのです。次世代が「神を神とする」信仰告白をすることで、いのちの危険にさらされないように、私たちの世代は、千代の恵みを受け取る闘いをしておきたいのです。そしてやがての日、「おじいちゃんはな、あの時代にきちんと闘ったんだぞ」と言えるように、第二戒の闘いを闘い抜きたいと思います。これは千代にわたって、自由に生きるための闘いなのです。

意見交換のために

1 あなたから考えることを奪い、思考停止に陥らせようとするテーマにどんなものがありますか。
2 現代の偶像で見分けることの難しい偶像にはどんなものがありますか。
3 日本の教会が再び偶像礼拝に陥らないために、必要なことは何でしょうか。
4 自分のあとの世代のためにも、この時代に教会が闘わなければならない偶像について分かち合いましょう。

第三戒　礼拝が指し示す自由への指針

「あなたは、あなたの神、主の名をみだりに口にしてはならない。主は、主の名をみだりに口にする者を罰せずにはおかない」。

（出エジプト20・7）

第三の戒めは「主の名をみだりに口にしてはならない」と命じています。この命令は私たちに何を教えているのでしょうか。

それは主の名をみだりに口にすることの罪と、それと同時に、ふさわしく神の名を呼ばないことの罪です。神の名がふさわしく呼ばれるときにこそ、倫理的な生活を生きることができるということを、第三戒は私たちに語りかけています。

「神の名」とは何か

では、第三戒が禁じる「主の名をみだりに口にする」とは、いったいどういうことなのでしょうか。

第三戒は、神に名があることを私たちに教えています。古代において、名とその持ち主との間には密接で本質的な関係があり、名はその持ち主の本質を言い表すものでした。聖書においても「神の名」のあるところには、神の臨在があります。詩篇54篇1節には「御名によって／私をお救いください」とあり、使徒の働き3章6節には「イエス・キリストの名によって立ち上がり、歩きなさい」と記されています。聖書における神の名とは、神ご自身の実体的意味を持っているのです。そしてキリストの御名によって祈ることは、神の臨在と約束の中に祈るという確かさの中に身を置くこととなります。

神の名について、出エジプト記3章13－14節は次のように語ります。「今、私がイスラエルの子らのところに行き、『あなたがたの父祖の神が、あなたがたのもとに私を遣わされました』と言えば、彼らは『その名は何か』と私に聞くでしょう。私は彼らに何と答えればよいのでしょうか」。すると神は答えられます。「わたしは『わたしはある』という者である。……あなたはイスラエルの子らに、こう言わなければならない。『わたしはある』という方が私をあなたがたのところに遣わされた、と」。

この「わたしはある」という言葉がヤハウェという神の名です。ここで神はヤハウェ、「わたしはある」という名前を明らかにされました。ここで聖書の神が私たちにご自分の名を知らせ、ご自分から名乗り出てくださる神であることを私たちは知ります。私たちは神の名を自分たちで調べることはできません。神が名乗り出てくださって初めて、私たちは神の名を知ることができるのです。そして名乗り出られた神から、改めてこの神が思想や宇宙や概念ではなく、固有な人格的な神であり、エジプトからイスラエルを救い出してくださった歴史に介入される神であり、人格的な交わりを持たれる神であるということを知ることができたのです。

神が人間に名乗り出られるということは、私たち人間との交わりを創出される神だということです。そしてイエス・キリストにおいて「インマヌエル」と呼ばれる神は、「わたしはある」と言われ、神が共におられる神であることを知らせてくださいます。神は、人間が「神を知る」ことを求めておられ、私たちと神との交わりを求めておられることを知らされるのです。神はその名を人間に呼ばれることを求めておられます。

「みだりに口にする」とは何か

しかし、第三戒は主の名がみだりに口にすることを禁じています。では「みだりに口にする」とは、具体的にはどのような用い方をすることなのでしょうか。この戒めを重視したイスラエルの民が、神の御名ヤハウェを口にすることをせず、その名の文字が記された聖書の箇所では代わりに「アドナイ（主）」と呼び、ヘブライ語が母音表記がないので、ついには発音の仕方がわからなくなったことは有名です。

十戒を与えられた当時のことで言うならば、この戒めで禁じられているのは、魔術や呪術の中で神の名を用いることです。古代において神の名を唱えることは、人間を超える力を獲得する手段でした。その名を所有する者は、その名を持つ者の人格を所有することができました。神の名は呪文でも使用され、あるいは人間の願いを叶えるための魔術の儀式、呪術の儀式、将来の不安定さを見極める占いにおいても用いられていました。

このように自分の願いの実現のために、神の名を私物化することを第三戒は禁じているのです。神の名を思いのままに使用するということは、神の権威を思いのままに利用するということであり、神ご自身を人間の手で所有することになります。

神はご自分の名を確かに教えてくださった神ですが、神の名を問う人間の試み、しかも神を利用しようとする動機に対しては、強く拒否されます。士師記13章18節では「なぜ、あなたはそれ〔神の名〕を聞くのか」と神の厳粛な問いかけがありますし、創世記32章29節では、神は名を尋ねるヤコブに「いったい、なぜ、わたしの名を尋ねるのか」と、その名を教えられませんでした。神は神の名を問う人間の行為の中に潜んでいる神を自分のものとしようとする人間の試みを見抜いておられるのです。

出エジプト記で、「ヤハウェ〔わたしはある〕」と知らせてくださった名前もまた「そこに存在するであろうものとして、そこに存在する」という意味を持っています。ここには神の名を知らしめると同時に、神存在は何者にも支配されることなく自由であることが語られ、ご自分を人間に啓示する自由は、神が持っておられることが表されています。

第三戒には第二戒と共通した戒めがあります。また、日本が戦中に「天皇陛下」という現人神の名を政府、軍部において利用し、神の名の権威を所有し、「天皇陛下、万歳」の名のもとに、神を私物化したことと同じことが言えるでしょう。さらにこの第三戒はカルト化する教会のリーダーに対しても、自分の主張に神の名を用い、「主はこう言っておられる」と聖書を利用することもはっきりと禁じています。

第三戒に堅く立つならば、教会の礼拝説教は、牧師の語りたいように語るのではなく、聖書が語り続けることを語る講解説教を選び取ることになるのではないでしょうか。さらにもっと卑近な例で言うならば、夫婦喧嘩に聖書の言葉を持ち込むこともまた禁止されるべきです。自分の主張を聖書の権威によって正当化し、相手を断罪することも、神の名の所有化と言いうるでしょう。完全に正しいことなどありえない自らを認め、神の御前に出て悔い改めを共にすることがふさわしいことでしょう。

もしそのようにできないならば、第三戒は「主は、主の名をみだりに口にする者を罰せずにはおかない」と、厳しく私たちに宣言するのです。

ふさわしい主の名の呼び方

では、私たちは旧約の民がそうであったように、神の名の正しい発音を忘れるぐらいに、神の名を口にしないことを選び取らざるをえないのでしょうか。そうではありません。すでに見てきましたように、名を開示された神は、ふさわしい仕方でご自分の名を呼ばれることを求めておられます。「みだりに」という言葉は、「やたらに」「空しいことのために」「偽って」「呪って」という意味です。つまり「間違った用い方をするな」という意味なのであり、このことは私たちに、正しい神の名の唱え方があることを指し示しているのです。

『ジュネーヴ教会信仰問答』でカルヴァンはこう語ります。「問161　では誓いの中で神のみ名を用いても、さしつかえありませんか。答　はい。必要な誓いであるならば。すなわち、それが真理を維持するために役立つ場合とか、われわれの間で愛や一致を保つためには」。

つまり必要な誓いがあるのであって、結婚の誓約のときのように、自分たちの思いを遥かに超えて、神が引き合わせてくださった結婚を受け取るような、愛と一致のためのふさわしい神の名の呼び方があるのです。むしろふさわしい神の名の呼び方は、私たちをいつも神の前の厳粛さへと連れ戻してくれるものです。

さらに『ジュネーヴ教会信仰問答』第162、163問においては、「神のみ名は讃美するために畏れと謙遜をもって」口にすること、「尊敬と讃美をもって」「神とそのみ業について考えたり、語ったり」することを、第三戒は禁じていないと言います。さらにルターは『小教理問答』でこう述べます。「われわれは……むしろ、困った時にはいつでも、神を呼び求め、神に祈り、神をほめたたえ、感謝するのです」。

つまり、第三戒は神の名には「ふさしい」使い方があり、「いつでも、神を呼び求め、神に祈り、神をほめたたえ、感謝する」ことを教えているのです。神の名が示されたとき、私たちはその名の前に畏れを持ってひれ伏し、賛美をもって御名を尊ぶことを求められているのです。第三戒は、神の名の所有の禁止とともに、心からの神礼拝への道を開いています。それはそのまま神をふさわしく礼拝するとは何かということへと、私たちの思いを連れて行ってくれます。そして何より、礼拝こそ私たちの倫理的な生活の基礎となるのです。

礼拝と倫理的な生き方

では、なぜ神礼拝が、私たちの倫理的な生活を作り出す根拠となるのでしょうか。

週の初めの日を、遊びに行くのでも、自分の時間を確保するのでもなく、神に礼拝をささげることから始めようとするとき、私たちは自分の人生の王が自分ではないことを選び取っています。礼拝において、使徒信条に見られる信仰の告白をすることで、十字架にかかり、私たちの救いのためにいのちをなげうってくださったキリストの愛と恵みを味わいます。さらに、主の祈りにある「御名が崇められますように」という祈りによって、神の名のふさわしい呼び方を知っていきます。賛美をするとき、聖餐を受けるとき、私たちは神の名と共に生きる生き方が形作られていくのです。

礼拝をし続けるとき、神の名をみだりに唱えなくなるのです。礼拝こそ、十戒が放つ自由なる生き方が私たちの中に立ち上がってくる場所なのです。何より礼拝は、神を所有する生き方から私たちを自由にしてくれる訓練の時です。

第三戒における「みだりに神の名を口にしない」生き方は、礼拝における一つひとつの行為によって実現し始めるのです。

そこで今から、プロテスタント教会において伝統的な礼拝式文を見ることにしたいと思います。礼拝におけるプログラムの一つひとつが、実は私たちの日常にどのような光の生活を指し示しているのかを考えたいのです。主の日の朝は、日曜日だけでなく、週の七日を生きる生き方の指針となっているからです。

キリスト教会はこのことを非常に重視しながら、礼拝の式次第を作り上げていきました。旧約聖書における天幕礼拝や神殿礼拝、さらには初代教会における聖餐を伴う礼拝……。歴史的には東方教会、西方教会の礼拝、カトリックとプロテスタントの礼拝と、いくつもの礼拝様式が積み上げられてきたことを私たちは知っています。

これらはいずれも「ふさわしい」神の名の呼び方を求めようとする真剣な営みでした。礼拝式文には、礼拝的人生への指針が詰まっています。礼拝こそ私たちの新しい日常のモデルなのであり、聖書的日常生活を倫理的に告白するものなのです。

さて、ここから礼拝のプログラムの意味を考えていきましょう。

礼拝式文における告白としての礼拝的人生

前奏

前奏が奏でられるとき、私たちは神の前に出る備えをします。

この前奏によって、神の前に出ていることの自覚を強く促されます。礼拝で突如始まる前奏を耳にするとき、イザヤが神殿でセラフィムの賛美の声を聞いたような感覚を覚えます。すなわち、私たちの生活には突然の神の介入があり、絶えず神のまなざしの中で生かされていたことへの自覚が生まれるのです。

そして日常に絶えず、神の前に出る備えをする前奏的な生き方が生み出され、個人の生活に静まりと神の言葉を思い巡らす「静思の時」を持つ生活を生み出していきます。

招詞

司式者による招きの言葉の宣言は、私たち罪人が自分の意志では神の前に出ることができないことを強く自覚させます。同時に、私の名を呼んでくださる神の招きによって、自分の人生が神の前にあたたかく招かれていることを知るのです。

このことにより、日々、私の名を呼んで招いてくださる神の招きを、朝の目覚めのときにも、不安な夜の眠りの中でも、私たちは生活のいたるところで受け取るのです。神の招きこそ、自分の人生への肯定が始まる場所なのです。

開会祈禱

開会祈禱によって礼拝が始まることを知るとき、私たちの日常生活は祈りからすべてを始めるべきであることを知ります。

朝、目覚めて最初にすべきことは、招いてくださった神の呼びかけに応答する祈りであることを教えてくれますし、勉強や仕事や家事もまた祈りによって始めることの大切さを覚えるのです。そしてこの始まりの祈りは、一日を終えるときにも祈りで終えることを私たちの生活にもたらしてくれます。そしてキリスト者と出会うとき、その交わりも祈りから始まり、祈りで終わることを大切にするようになるのです。

会衆賛美

賛美の歌を歌うことは、旧約の歴史から続く神の民の「ふさわしい神の名の呼び方」です。賛美は、あの罪の奴隷の中から連れ出してくださった神への感謝の応答であり、「あなたが私の神でよかった」と、神を神とする喜びの行為なのです。

賛美するときにこそ、私たちは自分がほめたたえられる人生を捨て、神がほめたたえられる人生を選び取っているのです。賛美をする場所で、私たちの謙遜な生き方は形成されるのです。

賛美の根本的な基盤は「喜び」です。それはキリスト者の生活が根本的に喜びであるからです。キリスト者は口ずさむように歌う賛美の歌から、キリスト教信仰の性格が喜びであることを経験します。賛美のあるところに喜びがあり、悲しみや痛みの中でも賛美をすることによって、神の慰めを経験するのです。

交読文

交読文は司式者と聴衆が互いに声を合わせ、御言葉を読み上げます。ここで私たちは、キリスト者の生活が独りではなく、神の言葉における共同体の交わりであることを知るのです。礼拝的人生とは、共同体に招かれる信仰なのであって、私たちは神の言葉を分かち合う教会共同体的な生き方へと召されていくのです。そして兄弟姉妹との交わりを建て上げる積極的な姿勢が形作られます。聖書の言葉は、個人的なものではなく、共同体で分かち合うものだと知ります。

そして私たちキリスト者の交わりは聖書の御言葉を共に学ぶ聖書研究をし、お互いが正直に教えられたことを分かち合う中で、より真実なものへと変えていくことを経験するのです。御言葉を中心とした共同体的な信仰へと招かれているのです。

十戒

礼拝における十戒こそ、この世を生きる法的秩序の模範が、礼拝から生み出されていることを知ります。教会こそ倫理においても、組織においても、世の中の規範であるべきです。

時折、教会で聞こえてくる「そんなことじゃ世の中で通用しないよ」という声は、「そんなことじゃ教会で通用しないよ」という声となるべきであり、キリスト者こそ、誰よりも時間を守り、誰よりも約束を守り、家族を大切にし、より聖さを保ち、より責任を果たすものとして生きるのです。

私たちは十戒を口にすることで、約束を守る民であることを自覚し、愛に生きる民であることを自覚し、神を神とする生き方を形成していくのです。

主の祈り

主の祈りは、私たちに「アッバ、父よ」と呼んでよい「父」と呼ばれる三位一体の父なる神の名を思い起こさせてくれます。

私たちが神と呼ぶ方は、祈りを聞いてくださる神であり、私たちに祈りの生活を生み出してくださる神です。何より主の祈りは、律法主義的になりやすい私たちを、恵みの神理解に戻してくれます。主の祈りは、イエス・キリストが父なる神に祈っておられた祈りであって、三位一体の神の交わりに入れられていく祈りです。

そして私たちがふさわしくなく主の名を呼んでしまうとき、主の祈りはふさわしい神の名の呼び方を教えてくれます。さらには、祈りえないときにも主の祈りを口にすれば、そこでは今自分がふさわしい主の御名の呼び方ができているのだと、私たちの不安定で揺らぎやすい信仰に安心を生み出してくれるのです。

使徒信条

使徒信条を唱えるとき、十字架の恵みと憐れみを自らの中にはっきりと受け取っていることが示されます。「良き生活」は正しい信仰理解から始まるからです。歴史的教会の正しい信仰告白を学び続けることで、私たちの生活が、カルト化や律法主義、個人化に陥ることなく、正しさを見極めることができるようになるのです。

そして信仰の先輩たちが苦悩し、勝ち取ってきた歴史の中に自らも立たされていることを知り、この信仰の告白を次世代にもきちんと伝えていかなければならないと、信仰継承に真剣にならざるをえません。

牧会祈禱

牧会祈禱は、パウロが「祈ってください」と何度も繰り返したように、祈られる大切さを示しています。私たちは誰かに祈られずに、信仰の歩みを進めることなどできません。そして祈られる大切さを知った者たちは、誰かのために祈ることの大切さを受け取るようになるのです。

キリスト教会が週の半ばに、祈禱会を持つようになったのはこの祈り合う大切さが、私たちが神を神とする生活を作るためには欠かせないからです。

聖書朗読と説教

プロテスタント教会における礼拝の中心は、説教です。礼拝における中心に位置する神の言葉の説教こそが、私たちの生活の中心に位置すべきなのです。

説教こそ、創造のエデンの園の中央に位置していた神の約束の言葉を思い起こす木のような存在です。神の言葉の説教を聴くときに、私たちは生きている意味を思い起こし、神に造られた人生の意味を受け取ります。そして説教の言葉こそ、私たちの倫理的生活の中央に位置づけられるものです。神の言葉は、罪を示し、悔い改めへと導き、十字架と復活の恵みを教え、私たちが奴隷の霊ではなく、自由の霊に生かされていることを知らせてくれるものです。説教によって、私たちの一週間は伸びやかに、自由に押し出されていくのです。

さらにそれは個人的な生活だけではありません。世界と社会の中心に神の言葉が置かれなければならないと、説教者は世界に向かって高らかに神の支配を宣言します。説教は聖書と私たちの日常を一つにし、私たちが聖書以外に生きる指針はなく、聖書が唯一の規範であることを深く刻み込ませる行為なのです。

聖餐

聖餐はキリストの十字架を思い起こさせてくれます。そして日常食べるパンとぶどう酒によって味覚、嗅覚、視覚を刺激し、誰よりも自らがキリストを十字架につけた罪人の一人であることを自覚させてくれます。

私たちは聖餐によって、赦された日常を生きるのです。そして今なお日々罪を犯す者であり、赦され続けなければならない者であるという認識をもたらしてくれるのです。これは「自分は正しい」と叫ぶ社会の中で、特異な場所です。

さらに聖餐は神の家族の食卓です。あらゆる国民、民族、肌の色を超えて実現する、終末の神の祝宴への憧れを生みます。ここにある憧れこそ、敵意を廃棄されたキリストにある交わりを日常に開き、排外主義や差別を拒む生き方を生むのです。さらにこの聖餐の食卓に一人でも多く加わるようにとの宣教の情熱が駆り立てられる場所ともなるのです。

献金

献金は、私たちの手にしているすべてが神から預かったものであり、自分のものではないという告白です。「盗んではならない」「欲してはならない」という戒めの実行ともなるのです。

さらに、献金は神の働きのために自分に与えられた賜物、機会、時間を活かして、神の国の建設のためにささげることが喜びとなる生活を生み出していきます。自らが生きる一週間の勉強、労働の意味を思い起こし、与えられ、遣わされた学校や職場へと感謝をもって出かけていくのです。

また、献金が祭司レビ人の生活、貧しいやもめの生活、困窮にある教会を共同体全体で支えることに用いられたように、礼拝での献金は牧師が宣教のわざに専念し、さらに地域の具体的な誰かの生活を支え、世界の必要に自らが参与することの重要な意識を育ててくれます。

祝　禱

祝禱とは派遣です。祝禱によって私たちは、昇天されたキリストを思い起こし、私たちを全世界に遣わそうとされるイエス・キリストの思いと一つにされていきます。

さらに祝禱によって、「主イエス・キリストの恵み、父なる神の愛、聖霊の親しき交わりがあなた方と共にありますように」と自らの生活のどこにおいても、三位一体の神が共にいてくださることが宣言され、安心して、平安のうちに私たちは神と共に生きる生活へ送り出されていくのです。

神の名を生きる者の使命

最後に、第三戒は神の名のふさわしい呼び方を教えてくれると同時に、私たちが神の名に携わり、神の名に生きる者にされていることを教えてくれます。

あの創造のときにも、神は人間に動物たちに「名をつける」ことを託されました。「名をつける」とはその実体を支配し、統《す》べ治めることを意味します。しかし、人間は罪を犯し堕落したことによって、神の前から隠れてしまいました。今や「名をつける」使命と管理の責任を欲しいままにし、神のようにこの世界を支配するようになったのです。

しかし、名乗り出てくださる神は、今一度私たちの前に出てきてくださって救い出し、私たちの名前と共に「アブラハム、イサク、ヤコブの神」とご自分の名を名乗ることを恥とはなさらない方です。むしろこの神の名の隣りに、私たちの名があることを喜んでくださいます。「どこに出しても恥ずかしくないわが子だ」と、世界中に私たちの名を紹介してくださるのです。それゆえ、私は「大嶋重徳の神」という名と共に、日常を生きていくこととなります。神はこの世界の管理と使命を、神の名を知るキリスト者に再びお委ねになったのです。

私たちの倫理的な営みは、私たちの側の倫理的な企てによって作られるのではありません。礼拝において神に出会うときに、私たちの倫理、良き生活は作り出されます。「神の名を知る」という偉大な賜物を神から与えられたことは、神の名と共にふさわしく生きることが求められている強い自覚を私たちに与えてくれるのです。私たちは礼拝から、神の名を名乗る民として出発するのです。

第三戒が生み出す証しの生活

さらに、「キリスト者」「クリスチャン」という言葉によって、私たちは「イエス・キリストの御名」が刻まれた者としての自分の人生の使命を理解するようになります。そしてこの世界で全生活、全領域を通して証しをする宣教的・伝道的な人生が生み出されるのです。宣教と伝道こそ、神の民にふさわしい神の名の呼び方です。

第三戒が生み出す証しの生活とは、イエス・キリストの人生を映し出す者として宣教的な生活を生み出してくれるのです。「あの人はなぜ浮気をせずに妻だけを愛して生きるのだろうか」「ああそれは、彼がクリスチャンだからか」、「あの人はなぜあれほどの悲しみの中にあって、神をほめたたえ、祈ることができるのか」「ああそれは、彼女がクリスチャンだからか」と、世の中の人は私たちの「神の名を呼ぶ」生き方から神を知っていくことになるのです。

神の愛によって満たされた私たちは、この神の愛を広げていく生き方をもたらしていくのです。第三戒は今日も私たちの人生に宣教的な使命を与え、礼拝する人間として生きることへと招き、この世界に神の名によって集められた共同体を形成するようにと導いてくれるのです。

意見交換のために

1 神の名をうまく利用しようとする存在にはどんなものがありますか。

2 ふさわしく主の名を呼ぶ礼拝となるために、今はどんな礼拝が求められているでしょうか。

3 新しく発見した礼拝プログラムの意味がありましたか。どんなものでしたか。

4 神の名を帯びる民として、私たちの生き方について自由に話し合ってください。

第四戒　働くことと休むことの意味

「安息日を覚えて、これを聖なるものとせよ。六日間働いて、あなたのすべての仕事をせよ。七日目は、あなたの神、主の安息である。あなたはいかなる仕事もしてはならない。あなたも、あなたの息子や娘も、それにあなたの男奴隷や女奴隷、家畜、またあなたの町囲みの中にいる寄留者も。それは主が六日間で、天と地と海、またそれらの中のすべてのものを造り、七日目に休んだからである。それゆえ、主は安息日を祝福し、これを聖なるものとした」。

（出エジプト20・8－11）

第四戒の位置

すでに第三戒において、神の名のふさわしい呼び方について考えてきました。ふさわしい神礼拝こそ、私たちの日常を生きる指針となるということでした。それでは第四戒の安息日規定はいったい、私たちの生活にどのような光を放っているのでしょうか。この戒めもまた、当然日曜礼拝厳守の戒めだけに閉じ込められてはいません。

第四戒のいわゆる安息日規定は、十戒の中でも過去だけではなく現代に至るまで、ユダヤ社会に強力な影響力を及ぼしている戒めと言えるでしょう。福音書においてイエス・キリストと律法学者やパリサイ人との論争は、しばしばこの安息日を巡る問題であったことからも、律法理解の分かれ目になっていたことがわかります。

まず考えておきたいのは、第四戒の位置です。具体的な生活の指針に入っていくと言われる第五戒の直前であり、第一の板の最後の場所に位置しています。これは安息日を持つことが、すべての人間関係を生かし、さらにすべての倫理への方向性を指し示しているのです。

第四戒は、神との関係にふさわしく生きようとする者は、安息日を守ることが必要であると語ります。それと同時に、人との関係をふさわしく生きるために、きちんと安息日を取るように、私たちを導こうとしているのです。カール・バルトがキリスト教倫理を、第四戒の解説「祝いと自由と喜びの日」から語り始めたことは有名なことです。ですから、安息日の過ごし方を記す第四戒に、キリスト者の倫理的生活の出発点があると考えてよいのです。

安息日を守ることの意味

出エジプト記20章11節には「主が六日間で、天と地と海、またそれらの中のすべてのものを造り、七日目に休んだからである。それゆえ、主は安息日を祝福し、これを聖なるものとした」とあります。

ここでは安息日を守る理由について、主が六日間働きをなさって、七日目に休まれたことが記されています。そして「あなたはいかなる仕事もしてはならない」と休むことを命じている理由は、「神が休まれたこと」のゆえだと第四戒は語るのです。非常に意味深いことは、私たちの信じる神が「休みを取られる神」だということです。そして神に似せて造られた私たちは、神のように休みを取る必要がある存在であることを指し示しています。

休めない国日本

しかし、私たち日本人は休むことが下手です。そもそも日本には江戸時代以前、休日という概念自体が存在しませんでした。休みといえば盆や正月、祭礼の日などだけです。日本はまだまだ休みを取る文化と歴史が浅い国なのです。

旅行予約サイト・エクスペディアの調査（二〇二二年版）によると、日本の有給休暇取得日数は12日にとどまります（支給日数20日、取得率60％）。それに対し、有給休暇平均取得日数一位のドイツは、年間にして27日の有給休暇を取っています（支給日数30日、取得率90％）。二位のイギリスが23日（支給日数27日、取得率85％）、三位のフランスが20日（支給日数28日、取得率71％）と続きます。ここには欧米諸国とかけ離れた、休む文化がない日本の現状が映し出されています。

日本人の有給休暇に対する意識調査によると、「有給休暇を取ると周りに迷惑がかかるので休めない」「有給休暇を一〇〇％消化していると、昇給や昇進に響きそうなので休めない」「仕事の成果が上がっていないので有給休暇を取りにくい」「自分がいなくても滞りなく仕事が回ってしまうと、自分の存在価値がなくなるので休めない」などの理由が挙げられています。

しかし私たちは、自分が休むことと同僚や仲間の休みの日を守るということは、この世界を神様が支配されていると信じている証しの日ともなるはずです。つまり、神様がこの世界を創造されながらも休まれたという事実は、神が休まれていても、神の治めておられる世界は存在し続け、動き続けているということです。

このことを深く信じることができる私たちキリスト者は、この世界の労働を一人で背負い込み、その重圧に押しつぶされる必要はありません。つまり、神が休まれたように、自分が休んでもまた世界は存在し続けることを信じて、大胆に休みを取るべきです。それでこそ、私たちは安息から始まる一週間をより良く生き、より良く働くことができるようになるのです。

きちんと体を休ませた後にこそ見えてくるものがあり、休まないと見えてこないものがあります。神が休まれたように、自分の肉体を休ませることは、信仰ゆえのキリスト者の営みです。きちんと休んだからこそ、家族を大切にし、姦淫の罪を犯さずに妻だけを愛し、盗む思いも、殺す思いも、欲しがる思いもまた抑制されるのではないかと思います。肉体を酷使して働き続けることは、精神を病み、心の中に疲れたすさんだ場所を作り、罪を犯しやすい温床を生み出していきます。それは、神が望んでおられるキリスト者の労働の姿ではありません。永遠の安息を目指しながら、きちんと週ごとの休みを取ることが、終末に生きる神の民の生き方なのです。

聖書的労働観の形成

では、神は七日目をどのように休まれたのでしょうか。このことが休みを取るのが下手な私たちの休み方の模範となるはずです。

出エジプト記20章8節にはこうあります。「安息日を覚えて、これを聖なるものとせよ。六日間働いて、あなたのすべての仕事をせよ」。ここには安息日を迎える前になすべきことがあると記されています。それは、「六日間働いて、あなたのすべての仕事をせよ」と、第四戒は「休むこと」を求めながらも、まず働くことを求めているのです。なぜなら、神は休まれる前に「働かれる神」でもあるからです。そして人間にも六日間、働くことをも命じておられます。ここから、第四戒の持っている聖書的労働観が生まれてきます。

キリスト教信仰において「働く」ことは世俗のことではありません。創世記1章には、神が人間を造られたとき、その使命として「生めよ。増えよ。地に満ちよ。地を従えよ」と、この世界を従え、世界を治める使命を与えられました。また2章15節では、「神である主は人を連れて来て、エデンの園に置き、そこを耕させ、また守らせた」とあるように、まだ人間が罪を犯す前のエデンの園にも労働はあったのです。

まさにエデンの園において、労働は神との交わりでした。神ご自身の臨在を感じながら、地を耕し、動物に名をつけ、世界を管理したのです。働くことはそのまま神のご計画を思い巡らし、「次はどこを耕しましょうか」と神に問いかける神との交わりであったのです。よく絵画に描かれているように、アダムとエバはエデンの園の大きな木の下で動物たちとじっと座っていたのではありません。創造の「非常に良かった」という世界は、耕され、広げられ、神を信じる家族が、信仰者たちの交わりが、地に満ちていくようにと計画された「非常に良い」働きのある世界であったのです。

ヨハネの黙示録には、やがて完成する神と被造物との永遠の安息が描かれています。しかし、その場所は園ではありません。新天新地と呼ばれる新しい都エルサレムです。園は耕されて都になっていったのです。ここに旧新約聖書を貫く「神の国」の建設計画があります。

神は神の国をこの地上に生み出そうとされて、六日間働かれました。そして七日目の休みを人と共にとり、「非常に良かった」と喜ばれ、さらに永遠の安息の完成に向かって、新しい一週間を始めようとされているのです。そしてこの神の国の建設を、人と共に始めようとしておられたのです。

しかし、人間は堕落し、神の国の建設という使命を見失いました。罪のゆえに労働は苦痛となり、食べるための労働となりました。労働は際限もなく、奴隷のように働くこと、働かされることにもなり、やがて土に帰るだけの人生は、生きることを虚しくしていきました。

そんな世界の現状のただ中にイエス・キリストは来られ、大工として働き、早くにして父を亡くしたと言われる家族を養われたあと、「時が満ち、神の国が近づいた。悔い改めて福音を信じなさい」（マルコ1・15）と、その神の国の福音の宣教を始められたのです。私たちが救われた理由は、天国への片道切符を手に入れるためだけではありません。今一度、創造の使命である神の国の建設に参与するためです。

第四戒は、私たちに六日間の労働の意味をもまた再確認させてくれるのです。

六日間の労働の終わり方

そして創世記1章31節には、神の労働の終わり方が記されています。それは「非常に良かった」と世界を見つめることです。この神に倣《なら》って六日目の終わり方を生きるのであれば、「非常に良かった」と感謝をもって仕事を終えるのが私たちの休み方の出発点です。ここには感謝をもって生きる神の民の姿があります。

もちろん私たちは感謝ばかりできる仕事を日々しているわけではありません。しかし、終わりきらないと思える仕事も、六日目を振り返られた神が「非常に良かった」と言って、七日目にわざを休まれたのであれば、私たちも神の御手に委ねつつ、仕事の手を止めて家に帰ることを選びます。そして足りないところには主が働いてくださると信じて、礼拝をささげることを選ぶのです。

神が六日目に人を造り、アダムと一緒に「非常に良かった」と喜びと感動を分かち合いたかったお方であることを、私たちは思い起こしたいのです。だからこそ、私たちも六日目を神と共に感謝をもって終えます。

神が働かれるからこそ私たちも働き、神が休まれるからこそ私たちも休む。ここに創造された世界と共に生きるという恵みのリズムが生まれてきます。安息日を守ることは、神が造られた世界管理のご計画のリズムの中に身を置くことであり、神の摂理と計画に立ち返りながら、神の国を建て上げていくことなのです。

第四戒の意味は、安息日が働かなくてもよい日ではなく、むしろ何のために働くのかという、私たちの毎日の仕事の意味を取り戻す日となります。安息日規定こそ私たちに聖書的な労働観を形成し、生きる目的を取り戻させてくれるものなのです。

安息日をどのように守るのか

さらにこの第四戒は、安息日を私たちがどのように守るのかを語ります。

出エジプト記20章8節「安息日を覚えて、これを聖なるものとせよ。六日間働いて、あなたのすべての仕事をせよ。七日目は、あなたの神、主の安息である。あなたはいかなる仕事もしてはならない。……」。ここでは、安息日は「聖なる日」として過ごすようにと語られています。創世記2章3節にも、「神は第七日を祝福し、この日を聖なるものとされた」と記されています。神は七日目を「祝福し」「聖である」とされました。安息日を覚えて「休む」ことは、「何もしない」ことではなく「聖なるものとする」という行為をとるということです。

では「聖なるものとする」とは、どういう過ごし方のことなのでしょうか。それはまず「あなたのいかなる仕事もしてはならない」と言われたように、「わざをやめる」という行為から「聖なるものとする」ということが始まります。

創世記2章2節には「神は第七日に、……なさっていたすべての創造のわざをやめられた」とあり、この「休む」という言葉は、「やめる」「離れる」という意味であり、後に「安息日」を意味するようになった「シャーバート」という言葉です。

詩篇の作者は「やめよ。知れ。わたしこそ神。わたしは国々の間であがめられ／地の上であがめられる」（詩篇46・10）と語り、「神であることを知る」ために、私たちにはやめるべきものがあると語ります。

また、「聖とする」とは、「分離する」「取り分ける」という意味があります。自分の中で「取り分けた」場所や時間を持つことです。すなわち、神の言葉が聞こえてくる場所を、私たちの時間の中で取り分けることです。私たちは何かで埋められているところにはもうこれ以上何も入れることができません。本当に必要な何かを入れるためには、何かを捨てないといけないのです。あなたが神に「やめよ」と言われている具体的な何かとは、いったい何でしょうか。

「やめる」というのは、修練が必要なことだと思います。忙しい日常の中で、私たちは絶えずプランを立て、前進すること、何かを作り出すことを強いられますし、あるいは絶えず自分自身がそれを求めています。

ある神学者は、この安息日のために「やめる」ことを不安にさせる三つの要素として「計画性」「勤勉」「能率」をあげています。一見、非常に良い徳目に思われる行為が、私たちを「忙しさ」という奴隷状態に陥れます。安息日によっても止められない計画性や、安息日をも超える勤勉や、安息日をも支配する能率の良さが、私たちを奴隷の状態に引き戻そうとするのです。

毎日曜日に働くことが当然だとされ、安息日も休めないような仕事を辞めることは、決して人生の敗北などではありません。安息日を守らずして得られる高収入を保つ生き方よりも、選び取らなければならない生活のリズムがあります。

救われた者としてのリズムを保つために、私たちは「やめる」力を養う必要があります。安息日を守ることは、私たちの自由を保つために、私たちの家族と過ごす時間を守るために、「やめる」という修練をする時間でもあるのです。

真の安息を生きる

また七日目の「すべてのわざをやめる」ということは、休暇を取ることだけを意味しません。休日にいくら寝たとしても回復することのできない疲れがあります。いくら原っぱでバーベキューをしたとしても、あるいは映画を見て気分転換をしたとしても、取ることのできない疲れがあります。それは生きていることで生み出され続ける人間の罪がもたらす疲れです。

この罪から来る疲れは、神の御前にある安息に入ることによってのみ、取ることができるものです。「すべて疲れた人、重荷を負っている人はわたしのもとに来なさい。わたしがあなたがたを休ませてあげます」(マタイ11・28)と言われたイエス・キリストのそばにこそ真の休息、安息の場所はあるのです。

申命記で十戒の記される箇所では、出エジプト記と安息日を守る意味付けが少し異なっています。「あなたは自分がエジプトの地で奴隷であったこと、そして、あなたの神、主が力強い御手と伸ばされた御腕をもって、あなたをそこから導き出したことを覚えていなければならない。それゆえ、あなたの神、主は安息日を守るよう、あなたに命じたのである」(申命5・15)。

ここで安息日はエジプトの地で奴隷であった境遇から、主の力強い御手と伸べられた腕とをもって連れ出されたことを、「覚えていなければならない」日とされています。申命記において安息日とは、奴隷から解き放たれた自由を祝う日なのです。

このことを深く理解するとき、キリスト者にとって、安息日規定が主イエス・キリストの復活の日を喜ぶことへと場所を移したことが違和感なく受け止めることができるでしょう。まさに私たちにとってキリストの復活の日曜日こそ、神の力強い御手と伸べられた腕をもって、私たちを罪の奴隷から連れ出してくださった日であって、生きる意味を見失った奴隷の日々から自由を得、神と共に生きる喜びを謳歌する日となったからです。

しかしながら、私自身が子どもであった頃、むしろ日曜日の午前十時半からはまさに不自由な奴隷のような時間であったことを思い出します。朝早くクリスチャンの母親に叩き起こされ、教会に連れて行かれ、自分のしたいことを我慢し、長い説教が終わるまで待っていないといけない。これはまさに苦痛と苦難の時間でした。礼拝の時間さえ終われば、ようやく外に走って出て行ける！　その時間にこそ自由があるかのように感じていたのです。

しかし今、自分の親を含め、多くの大人たちが一週間働き通しの疲れきった体のまま、教会に行き、説教の言葉を一言も聞き漏らさないようにして聞いていたあの姿の意味がよくわかります。あの礼拝には、罪の奴隷の中に生きていたところから、自由とされた喜びがみなぎっていたのです。あそこには礼拝でしか得られない魂の安息があり、真の休みを求める神の民が集まってきていました。

出エジプト記31章17節で「主が六日間で天と地を造り、七日目にやめて、休息した」と記されています。この「休息した」という言葉は「ナーファシュ」という言葉で、「深く息をつく」という意味です。安息日は神の前で深く息をつく深呼吸をする時です。文字通り、私たちは礼拝において安らかに息をつくのです。安らかな呼吸が安息日に生まれ、呼吸の乱れることのない生活を始めていくのです。

第四戒によって、私たちが自分が生かされていることの意味を回復するために、時の流れを中断して、主の日の礼拝に出席し、そこで神の言葉の説教により、自分は誰のものでもなく神のものであることを確かめ、今、ここで神の前の自由と平安を受け取っていることを確認するのです。そして賛美と祈りの場所で、私たちの霊は休息します。私たちは今も永遠の安息を目指しながら、毎日を生きています。安息日は、この終末の安息を思い、憧れる日でもあるのです。

静思の時の大切さ

福音的なキリスト者たちは、一日の初めあるいは終わりに、神の前に静まり、聖書の言葉を読み、祈るという「静思の時」「デボーション」と呼ばれる時間を大切にしてきました。これは日常の中での、安息の時間を確保する意味を持ちます。安息日をきちんと守るキリスト者は、安息日だけを神との時間とすることなく、日常の中で神を思い巡らす安息の時を持つことを選びます。

この時間においてキリスト者は、新しく始まる自分の一日を神の御前に差し出し、思い巡らし、そこに働いてくださる神のご計画を祈りの中で受け取るのです。あるいは一日の終わりに、神が働いてくださった一日であったことを「非常に良かった」と神に感謝をささげるのです。

この安息の時こそ、私たちのキリスト者の倫理生活を再点検し、日々の時間管理や、優先順位を神の前で選び取る時間となります。私たちは時間がないから神の前で静思の時を持つことができないというのではなく、静思の時を持つことができないから時間に追われてしまうのだということを覚えておかないといけません。

安息と世界管理の意味

さて、また第四戒は、この安息日規定を家族、奴隷、家畜、在留異国人にも同等に適用しないといけないと語ります。「あなたも、あなたの息子や娘も、それにあなたの男奴隷や女奴隷、家畜、またあなたの町囲みの中にいる寄留者も」。安息日は、共に生きる家族、しもべ、従業員、家畜を休ませ、神を礼拝する安息日を持つ共同体形成をせよと語られているということです。

ここで確認しておきたいのは、第四戒はあなたに委ねられたものを「休ませなさい」という命令となっているということです。すでに見てきたように、日曜日すら返上して、働くことを求めてくる社会の中で、この国で休みを取るのは至難の業です。しかし、私たちは自分の肉体をきちんと休ませることと同時に、家族と共に過ごすために、休む文化を形成をすることに召されています。

有名企業で働くキリスト者の男性が、ある日自分の子どもが描いた「お父さんの絵」が布団で眠っている絵であったことに愕然とし、給与が下がったとしても転職を選んだという話を聞きました。

この決断は第四戒の実行です。主の働きだと言って、家族との時間を顧みないという伝道者、牧師がいるならば、家族の安息を憩う時間を盗んでおり、第八戒の違反も犯しています。自分が休むことを選べない人は、誰かを休ませる生き方もできないばかりか、誰かを自分のために「働かせる」生き方となってしまうことに気が付かなければなりません。

以前の職場での出来事です。数日間に及ぶ会議の最終日に子どもの運動会が入っていることに気づいた上司は、すぐさま私に、仕事をここで切り上げて、家に帰るようにと指示しました。「あなたの仕事は他の誰でも代わることができる。しかし、あなたが家族の父親であること、夫であることは誰も代わることができない」。この言葉は、第四戒を職場で実現しようとする上司の信仰的決断です。また、教会こそ働き過ぎる世界をリードして、牧師を休ませることを選び取る必要があるでしょう。

また、この安息日規定は、ある富の搾取を行う経済活動にもノーを突きつけます。二十一世紀の奴隷制度と言われるカカオ農園で、さらわれてきた子どもが休むことも許されず死ぬまで働かされている現実に、キリスト者は反対をしています。若者たちがブラック企業と呼ばれる職場で働かされ、富む者がさらに富む社会構造にもノーを叫ばなければなりません。

私たちキリスト者は、家族を犠牲にしてでも働くことを美しいことかのように考えるこの世界に向かって、きちんと休みをとって家族と共に生き、きちんと休める世界にするという使命を帯びています。キリスト者は自分に属する人間関係を休ませるという使命を持って、職場に遣わされています。世界が「休む」ことを奪ってこようとする中で、第四戒に生きるキリスト者は、社会に「安息」を与え、安息をもたらす存在となることに務めるのです。

そうするときに、自由と喜びのある働き方を、職場に、教会に、世界にもたらすことができます。そしてあなたが存在する場所は、人々の安息の場所となっていくのです。

意見交換のために

1　主の日の礼拝はあなたにとってどんな意味を持っていますか。

2　第四戒の章を読んで、考えたことや新しい気づきがあったことについて自由に話し合ってください。

3　あなたが今やめるべきだと気がついていて、選び取るべき休息は何ですか。またその決断を難しくしていることはなんですか。

4　あなたを通して「安息」を与えていくべき場所は、どんな場所があるでしょうか。

第五戒　人は誰かと生きないといけないのか

「あなたの父と母を敬え。あなたの神、主が与えようとしているその土地で、あなたの日々が長く続くようにするためである」。

（出エジプト20・12）

私たちは第四戒で、家族や寄留者、さらには家畜にまで安息日を守るようにと戒める第四戒の広がりを見てきました。十戒は私たちに共に生きる誰かへ自由と喜びをもたらすように語ります。それは十戒が決して個人的な戒めではなく、イスラエル共同体に向けて語られているからです。十戒はキリスト者になることが、神の家族の一員になることであると自覚させてくれます。第五戒の「あなたの父と母を敬え」という戒めは、親に代表される「誰かを敬って生きる」ことや、「父と母につながる人間関係を大切にして生きる」ことを励まし、教会共同体と共に生きることを力づけてくれます。

私たちは第五戒の「あなたの父と母を敬え」から、誰かと共に生きることの意味を受け取りたいと思います。

共に生きにくい時代

現在、私たちは誰とも口を利かずとも生活できる世界に生きています。食事に行っても、食券をカウンターに置けば、誰とも話さずに料理が目の前に届きます。着る服や食材、薬さえもインターネットで注文すれば家まで届きます。部屋にいながらにして誰とも接触することなく生きることができる時代になりました。ネット社会になり、誰とも目を合わすことがなくても「世界と自分はつながっている」と感じることができます。

そして人間関係は自分の気に入った関係だけを選択し、気に入らない関係となれば、いつでも携帯電話のアドレス帳やＳＮＳの友だちから削除すればすみます。あるいは、自分の連絡先を変えてしまえば簡単に連絡を断つことができるようになったと言えます。

さらにネット上では、匿名性を保持しながらコミュニケーションを取ることができます。このような時代に「誰かと生きる」ということを選ぶことは面倒であり、知らない人と同じ空間で過ごすことは苦痛であり、誰かと共に生きることに困難さを覚えます。

そして何より難しいのは、家族との時間です。私たちの育ったいくつもの家庭の中に両親の不仲、会話の断絶、育児放棄、虐待、暴力、暴言が満ちています。さらに家族関係こそ一番緊張を強いられることも少なくありません。親、家族、兄弟、親戚との関係を断ちたいと願う人にとって、第五戒の戒めは、「あなたの父と母」という一緒に生きるのが一番困難に思える存在と生きることを求められ、しかも尊敬を抱いて生きていきなさいという脅迫めいた教えとなって響いてくるでしょう。

さらに問題は、第五戒では、「父と母を敬え」という理由や根拠が記されていないことです。父母を敬う根拠は、いったいどこにあるのでしょうか。父と母に敬うだけの理由を見いだせないとき、私たちはどこに立って、この戒めと向き合うことが求められているのでしょうか。そして、この誰かと生きることが難しい時代の中で、私たちははたして親を代表する誰かと生きていかないといけないのでしょうか。

「交わり」に生きる神と、その神に似せて造られた人間

私たちが自分以外の他者と生きる理由は、私たちの造られた創造に根拠を持ちます。創世記1章26節にはこうあります。「さあ、人をわれわれのかたちとして、われわれの似姿に造ろう……」。ここには私たちが誰かと生きていく理由が記されています。「さあ人を造ろう」と神の意気込みが伝わってくるこの箇所には、神が人間を創造された理由を、「われわれのかたちとして、われわれの似姿に」とあります。ここで私たちは、神が「われわれ」という複数形で描かれ、「われわれ」という交わりを持つ神であることを知ります。この複数形は「尊称の複数」

とも言われ、神の偉大さを現す複数形だとも言われますが、聖書全体から啓示され、歴史において教会が受け取ってきたことは、神は三位一体の神だということです。

父なる神、子なる神、聖霊なる神は「神は愛です」とあるように、永遠において愛ゆえの一つなる交わりを持っておられ、神ご自身はその愛の交わりで満ち足りておられました。そして、この神の愛の交わりに「似せて」人は「神のかたち」に造られたのです。

この神の交わりに似せられたからこそ、神は「人がひとりでいるのは良くない」とおっしゃり、人は男と女とに創造されました。そして人間は、「生めよ。増えよ。地に満ちよ」と、子どもを産み、増やし、神を信じる「われわれ」が広がっていくようにと使命を与えられたのです。創造の最初から私たちは誰かと生きるように造られており、人は一人で生きるようには造られてはいないのです。

しかし、堕落が起こります。その結果、この三位一体の神の「われわれ」は崩れ去っていきました。アダムは神に約束違反を問われたときに「あなたが置いたこの女のせいで」と、神と女に自分の罪の責任転嫁をしました。また女性は堕落の結果、「夫を恋い慕う」ようになるとあります。

この「恋い慕う」は、創世記4章に「戸口で罪が待ち伏せている。罪はあなたを恋い慕う」とあるように、男性を精神的に支配しようとする女性の欲求として表現されています。この妻の支配性に対して、「夫は妻を支配するようになる」と、夫の暴力的な支配が記されます。この夫婦における支配権闘争が、今も続く夫婦の不和の原因です。そして世界で最初のこの家族の中で、やがて子どもたちの兄弟殺しまでもが起こることとなります。世界は今に至るまで、この罪の結果を受け継いでおり、私たちの周辺には人間関係の痛みと傷が満ちています。

しかし、「われわれ」と言われる三位一体の神は、堕落した人間を諦めることはなさいませんでした。神は罪を犯したアダム家族に皮の衣を着せられて、彼らのいのちを守られ、さらに神はノアを選び、ノアの家族を救い出されました。またアブラハムを選び、アブラハムの家族からイスラエル共同体が生まれていくようにされました。十戒を与えられたのも、モーセをリーダーとする契約共同体イスラエルでした。さらにダビデを通してイスラエル国家が生まれていきます。

イエス・キリストの宣教もまた、十二人の使徒を選ぶ弟子共同体の形成であったことを見逃すわけにはいきません。イエス・キリストは十字架にかかられる前に「父がわたしを愛されたように、わたしもあなたがたを愛しました。わたしの愛にとどまりなさい」（ヨハネ15・9）、「わたしがあなたがたを愛したように、あなたがたも互いに愛し合うこと、これがわたしの戒めです」（同15・12）と言われました。そして十字架の上から、イエス・キリストは、弟子たちを見ながら「あなたの息子です」と母マリアに語られ、弟子たちには「あなたの母です」（同19・26、27）と、十字架によって回復する神の家族の宣言をされました。

また聖霊なる神がくだられたペンテコステは、教会の誕生日と呼ばれます。信仰をもった私たちは、父なる神を父として、子なるキリストを長兄として、聖霊なる神のみわざによって、神の家族なる交わりに入れられているのです。三位一体の神は今も、この地上に神を信じる「われわれ」の形成を続けておられますし、やがて終末に完成する神の国の「われわれ」に向かっているのです。

キリスト者とされた今、私たちは自分の置かれた場所で、神を信じる「われわれ」の形成へと向かっています。第五戒はこの「われわれ」が再び地上に形成されるように、「あなたの父と母を敬え」と命じているのです。

なぜ「父と母を敬え」なのか

では、第五戒では、なぜ「父と母」という存在を特に選んで「敬うように」と求めているのでしょうか。

創造の最初において人間の社会生活の最小単位は、親子ではなく夫婦です。三位一体の神の愛を基礎にしている交わりの出発点も、夫婦です。しかし誰もが結婚をするわけではありません。結婚をしない選択も人にはできます。さらにまた、子を産むことはすべての人に委ねられる神のわざでもないですし、子を産まない選択も人にはできます。

しかし、人がこの地上に存在する以上、誰かの子であるということは誰にも避けることはできません。人がこの世の中に生きることを始めたときから、一組の父と母（それは法的な意味ではなくても）の子として存在し始めます。親子関係とは、人間に選択の余地を与えない人間関係です。

第五戒「あなたの父と母を敬え」を前にしたとき、自分自身は両親という存在によって存在しているという事実を突きつけられます。自分は一人で地上に生きているのでは決してなく、父と母が自分を存在せしめた具体的な他者であることを認めざるをえません。

さらに私たちが結婚を考え、誰かと生きようとするときに、自分自身の中の耐えがたい欠落した内面に出合うことがあります。そして「自分はなぜそうなのだろうか」と問うときに、「なぜあの親が自分の親だったのだろうか」と、親のことへと思いは及んでいきます。自分の人生で親との間に築かれてきた距離感が、自分と他者との間の距離感に影響をしてくることもあります。親の存在感の薄さが自分の存在感の希薄さと関わってくることもあります。

そのときそこで、親に対して湧き上がってくる複雑な感情、苦々しい思い、感謝と尊敬だけでは言い表すことのできない思いと向き合うことを、第五戒は私たちに求めてくるのです。

大人たちに語られた第五戒

また、十戒の戒めを実際にモーセから聞いたのは、イスラエルの成人した大人たちでした。第五戒は、年端もいかない子どもたちに、「親を大事にしなさい」という道徳訓のような親孝行の勧めとして語られたのではありません。むしろ、親を尊敬して生きることが難しくなるのは、さらに親が年老いてからのことです。

箴言19章26節に「父に乱暴し、母を追い出す者は、恥と屈辱をもたらす子」と記されているのは、実際に親に暴力を振るい、親を家から追い出す者がいたことを表しています。そしてここには暴力を振るわれても抵抗できないほど親が老い、追い出されても抵抗できないほど無力になっている親が描かれています。

親と同じ大人同士になるときに、さらに親が老いて弱っていくときに、第五戒の抱える深刻さは増していきます。親の介護が必要になり、親が認知症をはじめとする病にかかってしまうとき、尊敬していた親が老いていく姿を受け止めることが子どもにとって難しくなることがあります。さらに、父と母が自分たちにとって重荷でしかないと思ってしまい、自分たちの生活から父母を追い出したくなると思うときに、第五戒はそれでも父と母を重んじ続けるということを命じているのです。

そのような思いを持つときに、自らが幼い子どものときに、親から酷い扱いを受けた記憶がよみがえり、老いていく親に復讐心から虐待を繰り返すことも起こりやすいものです。その復讐心とも闘うことを、第五戒は求めているのです。

さらに結婚した夫の両親、妻の両親との関係になると、複雑さはより深刻になっていくことは言うまでもありません。親子関係ほど、自分の感情にごまかしがきかない関係はないのではないでしょうか。宗教改革者ルターは、『大教理問答』の中で「このみことばに従って生活する人々は当然、聖なる人〔聖人〕になる」と言ったほど、「父と母を敬う」ということは、途方もなく難しいこととして私たちに迫ってくるのです。

子とされること

この途方もない思いにさらされるとき、第五戒によって、私たちは十戒の序文に連れ戻されていくこととなります。

神は、「わたしは、あなたをエジプトの国、奴隷の家から導き出したあなたの神、主である」と言われました。この神が、「親を赦せない」「あの人を愛せない」という思いに縛られた奴隷のような状況にいる私たちを、赦しと愛の世界へと連れ出してくださるのです。

「生まれながら御怒りを受けるべき子ら」(エペソ2・1−3)と記される私たちは、キリストの恵みによって「愛されている子どもらしく、神に倣う者となりなさい」(同5・1)と、「神の子」とされました。

私たちは「さあ人を造ろう」と言われた神が、「父」という名前を持つ神であることに希望を置くことができます。さらに信仰者の共同体が、「神の家族」と言われることにこそ大いなる希望があるのです。

私たちは主にある兄弟姉妹との交わりの中で、癒やしを得ていくことができます。家族を味わうことができなかった者にも「父」が与えられ、同じ信仰をもった兄や弟、姉や妹が与えられます。自分の魂をキリストのもとに導いてくれた「母」のような存在も、教会にいてくれます。

神は「子とされる」という特権を私たちに与え、神の子とされることを教会共同体の中で経験するようにと教会の交わりの中へと招いておられます。もちろんそこにも自分の苦手なタイプの人がいます。今までの人生で話したことも、付き合ったこともないようなタイプの人が教会にはいるでしょう。自分の気に入らないことも頻繁に起こりますし、激しく傷つき失望することも教会にはあります。教会は決して心地良いだけの快適な空間ではありません。

しかしこの神の家族は、父なる神の言葉を聞くときに、悔い改めることができる関係です。キリストの言葉にとりなされたとき、自分から「ごめんなさい」と謝ることができる存在の集まりです。聖霊なる神に慰められたとき、この神の家族を諦めないで、ここに留まっていようと決意することができる一人ひとりなのです。

そして、教会で「子とされること」の恵みを経験していくとき、私たちは「子としてくださった」父に似ていくことを経験していきます。何度も反抗し、何度も失望させ続けてもなお、何度も赦し続け、諦めずに愛し続けてくださった父なる神に、そのものの見方、ものの言い方が、少しずつ少しずつ似せられていくのです。

そのとき、私たちは三位一体の神からのみ受け取ることができる癒やしを経験していきます。

この癒やしによって自分の父と母と向き合う勇気を与えられるのです。整理のつかない親子の関係も、途方もなく赦せない人間関係も、和解への道を進むことへと導かれていくと信じることができるのです。

ここに第五戒が道を開く自由と解放の道があります。今まで縛りに縛られていた奴隷のような人間関係しか持てなかった人生から、新しく自由にされる物語が始まっていくこととなります。

信仰継承をしていく共同体の形成へ

さらに第五戒は、続けて「父と母を敬う」目的は、「あなたの神、主が与えようとしているその土地で、あなたの日々が長く続くようにするためである」と記しています。

なぜ「父と母を敬う」ことが、長生きすることと関係があるのでしょうか。もちろん「父と母を敬う」キリスト者に、神は文字通り長生きの祝福をお与えくださるでしょう。しかし、ここでこの言葉の理解する鍵となるのは、「主が与えようとしているその土地で」という言葉です。

「主が与えようとしているその土地」とは、出エジプトの旅の目的地であるアブラハム、イサク、ヤコブにつながる神の約束された地のことです。この「主が与えようとしているその土地」とは、彼らの先祖に約束された神と先祖との大いなる約束の物語が語られ続けた地のことなのです。

父と母を敬うことで生み出されるのは、主が与えようとしておられる「約束の地」の物語を語り伝えていく信仰の継承です。つまり、父と母が敬われるところでは、信仰の物語を語り伝えていく信仰の先輩が大切にされていくことになります。父が子に、祖父が孫に、寝物語のように信仰の物語が語り伝えられていく生活が生まれていくことになるのです。そして父を敬い、母を敬う人生を生きるとき、その父から聞いた信仰の物語を、子どもに伝えていくことを私たちは喜びとし、子どもに伝えていくことの責任を自ら自覚するようになっていきます。そして自分たちの家族は、「主が与えようとしているその土地」に至るまで、親から受け継いできた信仰を子どもたちに丁寧に語り伝えていこうと願う家族となっていくのです。そして子どもたちの世代もまた、祖父母の世代のように、父母の世代のように、信仰の物語を語り継いでいく文化が形成されていくこととなります。

宗教改革で生み出されたカテキズムは、まさに家庭の中で用いられるように作られた信仰継承のためのものです。父と母は、このことをわが子に伝えていく責任を持っているのです。

このことは単に長生きすることを超えています。もし神に自分の齢を長くしていただきながら、信仰が継承されていく恵みを見続けることができるのだとしたら、それはどれほど大きな喜びとなることでしょうか。「主が与えようとしているその土地で長く生きる」とは、信仰継承をする信仰共同体が形成されていくことを意味しています。

さらに第四戒は、この安息日を守るのは自分だけではなく、自分の家族、しもべ、もろもろの家畜にも命じていました。救いを得た者たちは、自分につながる家族、知人もこの礼拝の恵みの中に生きることを本気で願い、礼拝に招き、伝道をする生き方と必ずなっていきます。

さらに第五戒は、教会にも新しい自覚を与えます。教会に委ねられた子どもたちを私たちに与えられた主の土地で育成し、長く信仰が継承されていく責任と使命が与えられていることを私たちに自覚するようにと促しているのです。そのためには敬われやすい大人となっていく必要が大人の側にもあるのです。大人として教会の子どもたち、青年たちに尊敬されやすく接しているだろうかということをも、第五戒は私たちに問いかけてきます。

敬われやすい父と母になるために

さらに第五戒は、親に対して「敬われやすい父になること、母になること」を求めています。「父たちよ。自分の子どもたちを怒らせてはいけません」（エペソ6・4）とパウロが語るのは、あまりにも暴力的で、子どもの自尊心を傷つけるような親がいたことを表しています。

子どもが親に従うのは自明のことではありません。敬われやすい父であることこそ、「父」と呼ばれる神を敬い、神に従う信仰の素地が形成されていく礎となります。たとえ自分の人生には、敬いやすい父と母がいなかったとしても、自分の子どもに同じような要求をするわけにはいきません。

「敬えない親子関係」の鎖は、自分たちの代で断ち切らなければならないからです。親を受け入れて、親を尊んで生きることができる人生は、自分の人生を受け入れ、自分の人生を尊んで生きていきやすくさせるのではないでしょうか。自分は見ることがなかったとしても、けれども自分の子どもには見せてあげたい光景となるのではないかと思います。

では、敬われやすい父とは、母とは何でしょうか。それは第一戒を中心に生き抜く父と母です。まず親が神によって助けられ、神の守りの中を生き、わが子を愛し、交わりによって助けられていくことが大切です。そのためにも、信仰によって子育てをすることを、父になる前から、母になる前から教えられていく必要があります。教会には、自分たちが親になるための良きモデルがいてくれることは、大きな恵みです。

権威への従順

最後に第五戒では、もう一つのことを確認しておく必要があります。宗教改革期以降、教会はこの第五戒は親子関係というところから始め、社会における「自分の上に立てられた権威」に対して「敬意と愛と誠実」を示すように語っていると受け取ってきました。

『ハイデルベルク信仰問答』はこのように教えています。「問104　第五戒で、神は何を望んでおられますか。答　わたしがわたしの父や母、またすべてわたしの上に立てられた人々に、あらゆる敬意と愛と誠実とを示し、すべてのよい教えや懲らしめにはふさわしい従順をもって服従し、彼らの欠けさえ忍耐すべきである、ということです。なぜなら、神は彼らの手を通して、私たちを治めようとなさるからです」。

権威が崩壊した時代の中で、上に立てられた権威に「敬意と愛と誠実」を示し、従うことは、私たちの属する共同体がふさわしい秩序を持って治められていくために必要なことです。教会においても、自らの「欠けをさえ忍耐」してくれる教会の兄弟姉妹の誠実さによって、神の言葉はふさわしく聴かれていることを説教者はよくよく理解しておかなければなりません。教会に集う者たちもまた、権威への従順によって、説教者・牧師を育てていくことを理解する必要があります。

しかし一方で、同時に考えておかなければならないのは、権威への従順の順序です。「すべての人を敬い、兄弟たちを愛し、神を恐れ、王を敬いなさい」（Ⅰペテロ2・17）とあるように、ここには「神を恐れ、王を敬え」という順序があります。

この順序はいかなる状況、いかなる圧力がかかろうとも決して逆転させてはいけません。すでに第二戒で学んできましたが、かつて日本において、すべての日本国民は天皇の赤子であるとされて、天皇制家父長制度によって、日本国統治がはかられました。そのとき天皇は神格化され、崇拝の対象となっていました。

しかし第五戒は、「敬い、愛し、誠実」によって服従させるとしても、「崇拝」によって服従させる教えではありません。そして何よりも神への服従を阻むような、権威への従順を求めるような場合には、私たちはそれが国家権力であっても、職場の上司であっても、親であったとしても従うことはできません。権威への従順は、神を畏れる権威への従順なのであって、むしろその権威への従順は、神を神とする証しともなります。

福音宣教としての「敬うこと」

私たちは、第五戒の戒めによって、主の愛された交わりに仕えて生きる者とされていきます。神の家族は開かれた交わりです。地域に住む孤独なお年寄りをお訪ねすることは、第五戒の実践となりますし、教会に初めて来てくれた人に「はじめまして」と自分から声をかけ、もてなすことも第五戒の実践です。教会からしばらく離れている人に手紙を書くことも、誰かを家に招いて食事を一緒にすることも、第五戒に生きるキリスト者の生の実践なのです。

父と母を敬うことに代表される「われわれ」をこの地上に形成するために、私たちはキリスト者とされました。神が私たちと交わりを持つことを諦められなかったように、私たちも私たちの家族を諦めず、誰かとの人間関係を諦めず、隣りの国との争う声の中でも交わりを持ち続けたいと思います。

「われわれ」を形成することを諦めない神の力に包まれて、私たちも諦めずに交わりを形成していきたいと願うのです。このように、第五戒の実践は、交わりを諦めない力を生み出していくこととなるのです。

意見交換のために

1　あなたにとって両親とはこれまでどんな存在でしたか。痛みや悲しみを含めて、言える範囲で分かち合ってください。

2　第五戒の文章で教えられた新しい発見にはどんなものがありましたか。自由に話し合ってください。

3　神の「子とされた」私たちが、次世代から敬われやすくなるために必要なことは何でしょうか。

4　誰かと生きることに傷ついている人に、あなたの教会が為すことができることは何でしょうか。

第六戒　人が生かされる世界のために

「殺してはならない」。（出エジプト20・13）

第六戒「殺してはならない」ほど、すべての人が同意できる戒めはないと言われることがあります。確かにこの戒めに異議を唱える人は少ないでしょう。

しかし、事態は簡単なことではありません。「殺してはならない」という戒めは、殺人はもちろん、堕胎、自死、終末期医療、戦争の問題にも光を放っています。そしてその一つひとつを取り上げるとき、「殺してはならない」という戒めの前に私たちは立ち尽くすしかありません。

いのちが損なわれている時代

かつて自死した人は、教会墓地に葬られることがなかったという歴史を教会は持っています。しかし、自死もまた、病気が死へと進ませたと言わざるをえない状況があります。東ヨーロッパでなされた拷問で、薬を使用し自白を強要され仲間の名前を言ってしまうことを避けるために自死を選んだ牧師のケースはどう考えればよいのでしょうか。

また安楽死の判断も難しいものです。高度に医療技術が進み、食べ物を飲み込むことができなくなったとしても、「胃ろう」という処置を施すことによって、栄養をそのまま体に取り込むことができるようになりました。しかし体力を回復することができない場合、寝たきりが続き、むしろ「死ぬことができない」状況に陥ってしまうこともあります。また一旦、胃ろうの治療が始まると、その管を抜くことは殺人幇助《ほうじょ》になりかねません。いのちが確保できる最善の道を指し示すことが使命である医療者にとって、尊厳死ということをどのように考えるのかという課題も第六戒にはあるのです。

また現代は、母親の採血のみで出生前診断を受けることができるようになりました。胎児の持つハンディキャップ、特にダウン症は九九％の確率でわかると言われています。ここには「いのちの選別」と、中絶の判断がつきまとっています。私の母は、私を妊娠していると知らずにインフルエンザの予防接種を受けてしまいました。医師に相談すると、医師は即座に「堕ろしますか?」と聞いたそうです。母はキリスト者であって、父もまた障害児教育に生きてきた人であり、「この子のいのちは、神様から与えられたものだ。どんな子どもであっても生もう。育てよう」と決断してくれなかったら、私は今、存在しえないのです。

また日本は世界から中絶大国と呼ばれています。中絶に反対することも大切なことです。しかし出産することで母体に危険が及ぶ出産の場合はどのように考えればよいのでしょうか。強姦による望まない妊娠の場合の堕胎ならばありうるのでしょうか。

さらに貧困の問題が私たちの周りにはあります。ルターは『大教理問答』の中でこう言います。「裸の人に着物を着せることができるのに、裸のままで去らせるならば、自分がその人を凍死させたことになる。飢餓に苦しむ人を見て食を与えないならば、自分がその人を餓死させるのである。同様に、死刑の宣告を受けたとか、あるいは、それと似た危急に瀕している人を見て、救助の手段方策を知りながら、救いの手を伸べない者は自分がその人を殺したのである。そのさい、自分は人を助けるべくなんらの後援も、助言も、助力も受けなかったのだから、などと弁解してもなんの役にも立たないだろう。なぜなら、隣人に対して愛を拒み、隣人の生命がそれによって助けられたはずの善行を隣人から奪ったからである」。

第六戒は「私は殺人をしていないから大丈夫。今のところは関係がない」とは言うことをさせません。第六戒は私たちが目をふせているけれども、現実にすぐ側にある実際的で深刻な社会の闇へと目を向けさせようとします。私たちは第六戒によって裁かれる自分をまず認識するところから始めない限り、この戒めの意味はよく理解できないのです。

キリスト者にとっての第六戒

キリスト者は、第六戒「殺してはならない」という戒めの持つ意味を誰よりも知っている者です。なぜならすべてのキリスト者は、神から「あなたは私のもの」と呼ばれ、死に値する者に新しい命が与えられた経験を持っているからです。

さらにキリスト者は、自らが殺人者であることの自覚も持っています。「キリストは、私の罪のゆえに死なれた」という事実を認めたことで、私たちはキリスト者となりました。私たちはキリストの死に、直接的に関与している者たちです。このキリストのいのちを殺した私こそが、今キリストのいのちに生かされていることを知ったのです。だからこそ今、キリスト者としていのちと平和を守る人生に積極的に歩み出そうとするのです。

私たちは、神の独り子のいのちを失わせてまで、生かされることを望まれた存在です。私たちは、日々神から「生きよ」という声を聞きながら起き上がるのです。「今日を生きよ！」と言われる声を聞くことによって、生きることができるようになったのです。たとえ私たちが自分の人生を生きることに疲れたとしても、第六戒の神の声は、今日を生きる力を与えてくれます。

さらにこの声を聞いた者には、自分の人生は「互いに生かし合うこと」へと召し出されたのだという自覚が生まれ、生きることに疲れた者の隣りに寄り添う者となっていきます。そのとき第六戒に生きるキリスト者は、いのちが大切にされる社会を形成し、平和の問題を、キリスト者の生き方として捉えることのできる者となり、この世界において人々に生きることへの励ましを与え、平和の光を放つ存在になるのです。

第六戒の目指すところ

第六戒の「殺してはならない」という戒めの目指すところは、「生かされること」「愛し合うこと」です。

しかし、私たちの目の前には、「殺された」被害者家族の感情が実際的にあることも事実です。第六戒は原理主義的に、被害者家族に「赦せ！」と声高に叫ぶことや、中絶の悲しみを抱える人に「堕胎は殺人だ」とだけ言えばよいのではありません。自分でいのちを断つことがいけないことだと知りながらも、苦しみ悩み、弱さの中で耐えられず自死に心が惹かれていってしまう魂にどのように寄り添えるだろうかという、「生かす」ことへとも私たちを召し出しています。赦せない痛みを抱える家族に取り次ぐべき神の言葉を黙想し続けることも、第六戒の戒めの実践です。

憐れみ深い主を礼拝できるように、悲しみに悲しみが重なることが起こらないように、自分の手の及ぶ場所にどこまでも出て行き、どこまでも関わり、「泣く者と共に泣き」、社会的な怒りを執り成し続けることも、第六戒の実践なのです。

なぜ殺してはならないのか

さて、この戒めへの本質的な疑問は、「人は本当に殺してはならないのか」ということです。よく言われることは、「人間は自分も自分の愛する人たちも殺されたくない。だからあなたも殺してはならない」ということです。そして、「あなたが死ぬことを悲しむ人がいるでしょう」とも言われます。しかし、「私には愛する人もいないし、自分自身はいつ死んでもかまわない。あなたの悲しみは私に何の意味があるのか」と言う人の前に立つならば、この答えは無力です。「殺してはならない」の究極的な理由もまた、神の存在が前提になければ、この世界において完全な答えなどありません。しかし、私たちが聖書を読むとき、神によって造られた「生命」が語られ、私たちのいのちの所有者が神であることを知ります。神存在を認めることなしに、多くの人が同意する第六戒にしても倫理の基礎は作られることはありません。

創世記9章6節では、「人の血を流す者は、人によって血を流される。神は人を神のかたちとして／造ったからである」と記されています。

ここでは「人を殺してはならない」理由を「人が神のかたちに似せて造られたからだ」と記します。神のかたちに造られたということは、人間が神との交わりを持つものとして造られたということです。神との交わりに生きるとき、神は私たちに「あなたは私のもの」と語られ、神が人間のいのちの所有者であることを力強く宣言されるのです。

私たちは自分で自分のいのちを所有しているのではありません。私たちキリスト者は、自分のいのちは、自分を造り、自分を神との交わりの中に常に置いてくださる神が所有しておられると理解しています。その意味で「殺す」ということは、神の所有を犯すことを意味するのです。それは自分のいのちであっても、他人のいのちを奪うことであっても同じことです。

さらに、いのちの管理者が神であることを思うときに、生殺与奪は神のなさることであり、「殺す」ということは、自らを神と等しい位置に置くことを意味します。まさに殺人は人間を神的ポジションに立たしめ、自分と他人のいのちを生死を超えた主人にする危険な行為です。この行為こそ第一戒、第二戒の違反でもあるのです。

また同時に殺人は、神ご自身の性格に真っ向から反する行為となります。なぜなら殺人はその後取り消すことが不可能な行為で、再び関係を回復することができない破壊をもたらすからです。創世記において、「善悪の知識の木からは、食べてはならない。その木から食べるとき、あなたは必ず死ぬ」という約束を破ったアダムとエバに、神はエデンの園からの追放という神との交わりの断絶すなわち霊的な死による裁きを行われました。

しかし一方で、なおアダムとエバの霊的ないのちの回復を願い、「死なないように」皮の衣を着させ、神とのいのちの交わりの回復を望み続けられたのです。そして神はキリストご自身のいのちをもって、いのちがけで人が神とのいのちある交わりの回復に生きられるようになさいました。ここに神のご性質である人を生かそうとする回復の行為があります。しかし殺人は、この肉体的ないのちを奪い取ります。それは地上において神のなそうとされた霊的ないのちの回復の道を閉ざすことにもなります。

第六戒の違反は、わが子キリストの生命をかけてまでなそうとされたいのちの回復を、真っ向から否定するという、神に悲しみをもたらす行為であることは言うまでもありません。殺人は神との交わりを回復できない場所に人を置くことであり、決して飛び越えてはいけない最後的な事態なのです。

第六戒の解釈と歴史的使用方法

さて十戒の第六戒を生きようとするとき、第六戒の解釈の歴史も考えておかなければなりません。なぜならば、第六戒ほどいくつもの解釈がなされ、歴史的に教会の立場を大きく分けた戒めはないからです。

第六戒で用いられる「殺す」という言葉は、その他で用いられている「殺害する」「殺す」と訳される言葉とは違い、「故意の殺人」の際に用いられるのであって、「戦争による敵の殺戮」や「神の裁きのもとに服した人間の死」には用いられていないという研究があります。そのため第六戒「殺してはならない」は、故意の個人的な殺人の禁止を意味しており、戦争の禁止や国家における死刑の禁止を言っているのではないという主張がされます。

また旧約聖書では戦争が神の命令によってされていた記事を根拠にあげ、この第六戒の「殺してはならない」はある限定性を帯びていると考えられたのです。そして殺すことも可能にする

「正義の戦争」という思想が、キリスト教会に生まれてきました。

この正義の戦争の概念は、キリスト教会の中で、四世紀頃からすでに生まれ、今に至るまで主張し続けられてきました。正義の戦争は、「正しい原因」で「正しい意図」を持ち、「適切な方法」で、「正当な当局」が行い、財産が考慮され、非戦闘員には攻撃しないという条件を満たした場合に、認められるとされてきました。

しかし、立ち止まって考えないといけないことは、その「正しさ」をいったい誰が判断するのかということです。戦争を行ういずれの国においても自国の正義を必ず謳います。かつて「適切な方法」とされた残虐な兵器は、数知れずあります。世界中の戦地で、戦闘員も非戦闘員も次々と殺されていっています。正当な当局も、正しい意図も、奪われない財産などはひとたび戦争が始まればどこにもありません。

そもそも「正義の戦争」の概念は、聖書の発するキリスト教的なものなのでしょうか。ある学者は、「正義の戦争」は、キリスト教化されたローマ帝国の中で作り上げられてきた思想であると指摘します。先ほどあげた第六戒の「殺す」という言葉の釈義にしても、その語彙の当該箇所を一つひとつ取り上げると、この言葉が「故意による殺人」だけに用いられた言葉ではないことも明らかです。

そして私たちキリスト者は、何よりイエス・キリストが、第六戒を解説された箇所に注目しなければなりません。マタイの福音書5章21－22節で、キリストは第六戒の本来的な意味を、次のように解説されました。「昔の人々に対して、『殺してはならない。人を殺す者はさばきを受けなければならない』と言われていたのを、あなたがたは聞いています。しかし、わたしはあなたがたに言います。兄弟に対して怒る者は、だれでもさばきを受けなければなりません。兄弟に『ばか者』と言う者は最高法院でさばかれます。『愚か者』と言う者は火の燃えるゲヘナに投げ込まれます」。

ここでイエス・キリストは、殺人の禁止だけでなく、「兄弟に対して怒る者は、だれでもさばきを受けなければなりません」と、「兄弟に対して怒る」ということまでを第六戒の射程に含めておられます。

第六戒が「腹を立てることの禁止」を含み込んでいるのに、どうして国家の「戦争による殺人」を許容していると言えるのでしょうか。戦争の開始から、戦争の真っ最中に「腹を立てられる」「腹立たしい思い」を生まない戦争など存在しません。戦地において客観的で冷静さを保つことのできる戦争などどこにもないからです。必ず戦地には「ばか者」「能なし」という言葉が溢れ、相手に対して憎しみや、怒り、復讐心を掻き立てる結果になりますし、当然、自分の側にもそのような感情は湧き起こってきます。

ヨハネの手紙第一 3章15節では、「兄弟を憎む者はみな、人殺しです」とあり、憎しみという感情は、すでに「人殺し」であると断言されています。このイエス・キリストの言葉を前にするときに、「殺してもよい」という限定的なケースなど世界のどこにもありえません。

殺人の生まれる場所

さらに、イエス・キリストの第六戒の解説は、殺人の起こる場所に私たちの目を向けさせようという意図に気がつく必要があります。

人類の最初の殺人であったアベルとカインの事件も、殺人の原因が兄の弟への「妬み」であり、この「妬み」が腹を立てる「怒り」を引き起こし、殺人が起こる場所は作られました。さらにカインは創世記4章14節で「それで、私に出会う者はだれでも、私を殺すでしょう」と、復讐を恐れる心を持つようになります。ここで殺人はさらなる復讐を生むことも指摘していますし、「恐れ」がさらなる先制の暴力を生む可能性も持っています。

聖書にある「目には目を、歯には歯を」（出エジプト21・24）という言葉は復讐の容認ではなく、「目をやられたら目以上はやり返してはいけない」という同等の報復しか許されないという意味であったことは有名なことです。むしろ、復讐心という感情こそが、「やられたら、倍返し」を求める人間の通常の思いなのです。

さらにまた、『ハイデルベルク信仰問答』では、「問106　しかし、この戒めは、殺すことについてだけ、語っているのではありませんか。答　神が、殺人の禁止を通して、わたしたちに教えようとしておられるのは、御自身がねたみ、憎しみ、怒り、復讐心のような殺人の根を憎んでおられること。またすべてそのようなことは、この方の前では一種の隠れた殺人である、ということです」（傍点筆者）とあり、ここでは「ねたみ、憎しみ、怒り、復讐心のような殺人の根」と指摘し、それは神の前の「一種の隠れた殺人」であると指摘しています。

北海道にある三浦綾子記念館を訪れたとき、「不機嫌は罪だ」という三浦綾子さんの言葉に出合ったことがあります。非常に心を刺される思いがしたことを思い出します。私たちは自分の中にこの小さな不機嫌の感情が起こることは当然だと、どこかで思っています。自分が受けるべきではない不当な思いをしたことへの不満が湧くことがあります。

しかし、この小さな「面白くない」という感情はやがて、誰かを「殺してしまう」道へと続いていることを第六戒は私たちに気づかせようとしています。私たちがこれまで第六戒を口で告白するとき、自分の怒り、妬み、憎しみの感情を顧みることをどれだけしてきただろうかということを振り返る必要があるでしょう。

第六戒は、私たちの個人的な小さな感情に対しても見逃してはいません。そうしたときに、父たちに「子どもたちを怒らせてはいけません」（エペソ６・４）というパウロの教えも、父親たちに第六戒を自覚させます。親たちは第六戒の前で、わが家において「怒りを生まない」家庭を形成するためには、どうしたらよいのかと思いを巡らし、先輩たちから知恵を受け継ごうとすることとなります。そのような家庭を築くには私たちは交わりの助けをなくしてはできないからです。

第六戒はこのような小さな営みこそが、「殺そうとしない」社会を形成する一歩なのだと考えるようにしてくれているのです。むしろ平和を生み出す「笑顔」、人を生かす「言葉」とは何かを思い巡らすようにと、第六戒は私たちを導こうとしているのです。

殺人の予防と第三の道づくり

殺そうとしない社会形成のために、私たちキリスト者はどのようにすればよいのでしょうか。アベルとカインの出来事は、もう一つ重要なことを私たちに教えてくれます。「主は彼に言われた。『それゆえ、わたしは言う。だれであれ、カインを殺す者は七倍の復讐を受ける』。主は、彼を見つけた人が、だれも彼を打ち殺すことのないように、カインに一つのしるしをつけられた」（創世4・15）とあります。

復讐を恐れるカインに対して、「だれも彼を打ち殺すことのないように」と神は復讐の殺人を防ごうとなさっています。そのためにカインを殺そうとする者への罰則を定め、神の法を定められました。イエス・キリストもまた「腹を立てる」という殺人の起こる根源を指摘し、殺人の予防に努められました。私たちキリスト者は、殺人が起きないようにする「予防」を使命としなければなりません。

ローマ人への手紙12章19－21節のパウロの指摘は重要です。「愛する者たち。自分で復讐してはいけません。神の怒りにゆだねなさい。こう書かれているからです。『復讐はわたしのもの。

わたしが報復する』。主はそう言われます。次のようにも書かれています。『もしあなたの敵が飢えているなら食べさせ、渇いているなら飲ませよ。なぜなら、こうしてあなたは彼の頭上に／燃える炭火を積むことになるからだ』。悪に負けてはいけません。むしろ、善をもって悪に打ち勝ちなさい」。

パウロは復讐を主にお委ねし、あなたが殺すということに加担しないようにと語りつつ、悪には善をもって打ち勝つようにと語っています。ここには、「殺そう」という感情に辿り着く前のところで「防ぐ」という積極的な意味があり、考えられているのは、殺さなくとも良い社会の形成の仕方です。

パウロは、私たちを殺そうとする敵に対する態度があるのだと語ります。それは殺そうとする敵を愛し、忍耐し、平和を求めるための対話を続け、寛容をもって食べさせ、飲ませ、親切を示すことなのだ、と語ります。また、殺そうとしてくる敵に振りかかる危害をもできうる限り防ぎ、善を行うという態度です。

そのことで敵は私を殺さないでよくなっていくし、私を含め私の家族も敵を殺そうとしない社会を形成するようになります。両者において「殺人しかない」という最後的な解決を考えてしまうような局面の予防をすることです。そしてそれは、親切と善意によって構成される社会形成なのだと、第六戒は私たちに指針を指し示します。こういうところに力を尽くすとき、私たちの周囲に平和は造られていきます。私たちの取るべきものは、武器ではなく愛の力です。私たちは愛することで敵をも巻き込んでいく力を、すでにキリストから受け取ってきたのです。なぜなら、キリストこそ、神に敵対する私たちを先に愛し、先に食べさせ、先に飲ませ、善によって悪に打ち勝たれた方だからです。このイエス・キリストの愛する力を身にまとった私たちは、第六戒の「殺さない」「相手を活かす」生き方を小さくとも作り上げていく営みを繰り返していくのです。

現在、日本周辺では、さまざまな領有権争いがあります。「戦いの準備をしておかなければならない」「最後的には戦争以外に解決の方法はない」という声が聞こえてくることがあります。しかしこのような単純化された議論には、きちんと疑問を持つ必要があります。J・H・ヨーダーは、『愛する人が襲われたら』という書物の中で、「あなたの愛する人が襲われたら、あなたは銃を取らないのか」という問いの設定自体に間違いがあると指摘します（14－22頁を参照）。「銃を取って戦う」のか、「銃を取らずに、自分も愛する者も殺される」のかという二つの選択肢しかないように見せる問いの立て方には、すでに「銃を取る」ことへの強い動機があると言います。「やるか、やられるか」という単純化された問いは、わかりやすさを生みながらも、実はそこに巧妙な暴力的な意志が隠されているのです。

しかし、私たちは簡単に最終的な事態に入るまでに、その問いの設定をしている側の意図を鋭く見抜く目を持たなければなりません。事柄はいつも複雑であることを私たちはよく理解し、「やるか、やられるか」という二つの道以外に、必ず「第三の道」が存在していることを考え抜かなければなりません。キリスト者は、どこまでもこの第三の道を、想像し抜く力が与えられています。なぜならば、キリスト者は平和の神を父とし、この父なる神に祈ることのできる場を持っているからです。

沖縄の犠牲の上に成り立っている沖縄の基地問題にも、米軍基地を沖縄に押し付けるのではなく、基地廃止を真剣に訴え、諸外国の脅威に対しては外交的力で対向することを選びたいと思います。戦争という最終的局面に行かない外交的努力こそ、まさにキリスト者の持つ「交わりをする力」が発揮される場所です。

ここにキリスト教的な神学の実践の場所があります。なぜなら、私たちキリスト者は、この「交わり力の形成」を教会の中で養われてきたからです。「もうこの人たちとは無理だ。分裂したい」と叫ぶ交わりを前にしても、キリスト者はキリストをかしらとして共に生きることを終末に至るまで求めていく力、粘り強さを養われてきたのです。どこまでも「いのちが生かされるように」想像し抜くキリスト者こそ、現代において「殺す」という最後的な判断に向かわないために、神が備えておられる最終的な存在なのです。

キリスト教会が福音書を四つ受け入れたことは非常に興味深いことです。統一した信仰を形成する方法は、誰かの声を暴力的に抑え込むことや人為的な統一を強制したり、他を排除することではないと、キリスト者は聖書を正典化したときから選んできました。多くの過ちを歴史の中で繰り返してきたキリスト者たちですが、一方で聖書に従って、ギリシア人もなくユダヤ人もない多元的な多様な人が存在しうる教会共同体の形成を目指してきたのも事実です。そういう仕方で教会の平和が生まれるようにしてきた歴史を、今キリスト者は第六戒に生きる使命としてこの世界に役立てたいと思うのです。そのために第六戒は私たちに平和の問題で口をつぐむことを許してはいません。

意見交換のために

1　自分は「生かされている存在だ」、と自分の命を実感したことを教えてください。

2　第六戒の章を読んで、考えたことや新しい気づきがあったことについて自由に話し合ってください。

3　この世界において殺し合わなくなるための第三の道には、どんなものがあるでしょうか。

4　互いに生かし合う社会になるために、自分のできることは何でしょうか。あなたは今、具体的に誰を生かしたいと思っていますか。

第七戒　キリスト者の喜びとなる「良き性」とは

「姦淫してはならない」。　（出エジプト20・14）

姦淫を当然とする社会の現状

第七戒の「姦淫をしてはならない」とは、既に夫婦となっている男女が、自分の配偶者以外の者と肉体的な関係を持つことを禁止する戒めです。

しかし、現実に私たちを取り囲む社会はこの戒めとかけ離れた状況にあることは言うまでもありません。不倫の関係を持つことは、ときに美しく、自分の気持ちに正直に従った純粋な愛の結果であることのように表現されますし、性的な関係を夫婦に限定することは性の抑圧とさえとらえられることもあります。

若者たちを取り囲む世界でも、付き合いが始まったらからだの関係を持つのが当たり前の時代となりました。学校教育においても結婚前のからだの関係を持つことを止めることよりも、避妊教育が徹底されています。

キリスト者の若者たちは、中学生・高校生の頃から「オレは○人とセックスしたことがある」と誇らしげに語る友だちとの関係の中で、居心地の悪さを覚えてきたことでしょう。メディアでは「結婚前にからだの相性が合うかどうかわからないまま結婚するなんて、良い結婚生活を送れるかどうかわからない」と私たちに不安を煽ってきます。さらに「セックスのテクニックが下手な相手は考えられない」という声を聞くと、「自分だけがおかしいのではないか」と、聖書の生き方に自信をなくしていくのです。

また教会ではこのテーマについて、きちんと語られる機会も少なく、若者たちは自分の内側にある性的衝動、性欲をどのように取り扱ったらよいのかわからないまま、混乱を続けています。そしていつの間にか周りに流されて、性的な関係を持ってしまい、その罪に傷つき、あるいは開き直り、教会を離れていく原因となってきたのです。

このような時代にあって、第七戒は頭の固い、時代遅れの戒めとして聞こえてくるように思います。この戒めはキリスト者の倫理生活のために、どれほどの意味のある重要なことなのでしょうか。

第七戒の歴史的理解

信仰者の中でも、第七戒「姦淫してはならない」はないがしろにされてきた歴史があります。第七戒がどのように理解されてきたかを調べれば調べるほど、この戒めを何とか曲げて理解したいという人間の思いが見え隠れします。そして多くの男性たちが、第七戒の解釈を曲げようとする試みをしてきました。

その解釈の一つは、この戒めは「結婚している男性が未婚の女性との性的関係を持つことは許されている。しかし、未婚の女性が結婚している男性との性的関係を持つことは姦淫罪となる」という解釈です。これはヨハネの福音書7章の「姦淫の現場」で捕らえられた女性の記事にも見られるケースです。姦淫を犯したのは決して女性だけではないはずなのに、裁きの場所に連れてこられたのは女性だけでした。男性はいったいどこに行ってしまったのでしょうか。「姦淫してはならない」という罪の適用は、妻や未婚の女性にだけ適用するものであって、男性は該当しないという理解は新約聖書の時代からあったことがわかります。

あるいは「姦淫罪」とは、「財産に関する罪」なのであって、その妻の夫、あるいは未婚の娘の父親の財産を奪う行為に過ぎないという理解もなされてきました。そして未婚の女性とからだの関係を持つことは、その財産を汚すことになる罪であって、財産的に見合う保護をすればそれは罪とはならないという解釈もされました。また、女奴隷と性的関係を持つことは、経済的な保障を確保すれば、奴隷の所有者である主人は法的に許されていると理解されたこともあります。

また多くの妻を抱えているダビデ王、ソロモン王のケースから、一夫多妻を聖書は容認していると理解されたり、信仰の父アブラハムが子を生むためにハガルとのからだの関係を持ったことから、このケースも姦淫にはあたらないと、解釈の広がりを持たせてきたのです。要は「姦淫してはならない」という第七戒は、信仰者にとって解釈に幅のある、それほど重要な罪ではないという理解がされてきましたし、事実、蔑ろにされてきた戒めなのです。

学生伝道の現場で出会った学生たちの中にも、「大嶋主事、姦淫は罪だとわかります。しかし、結婚前のからだの関係を禁じる聖書の箇所はないと思います」と主張する人もいました。また、姦淫の幅を狭め、結婚前の関係であれば聖書は禁じていないと、若者たちに語る神学者、牧師も決して少なくないのが現実です。第七戒は、婚外、婚前に性的な関係を持ちたい人たちが、全力で解釈改憲を行ってきた歴史があるのです。

姦淫の罪の範囲と射程

しかし、新約聖書の記す「不品行」という言葉は、結婚前のからだの関係を持つことを含み込んでいます。コリント教会に向けての「女性に触れないことは良いことだ」というパウロの指摘は、未婚の男性に語られており、むしろ不品行を避けるために、きちんと結婚をしなさいという勧めです。

また旧約聖書において、アブラハムとハガルとの性的な関係から、妻サラの悲しみは生まれ、サラとハガルとの深刻な争いが子どもたちにも被害を及ぼしたことを創世記は記しています。この箇所から、聖書が積極的に妻以外の女性との性的関係を許しているとは到底言えません。ダビデがバテシェバと犯してしまった罪の裁きからも、妻以外とからだの関係を持つことを禁じていることは明白です。十戒の「姦淫してはならない」が、結婚外の関係の禁止を語るとき、結婚前のからだの関係は言わずもがな禁止していたのです。

そして何よりも「姦淫してはならない」という戒めが放っている射程について、マタイの福音書5章で主イエスが仰ったこの教えの意味するところが決定打を打ち込みます。「『姦淫してはならない』と言われていたのを、あなたがたは聞いています。しかし、わたしはあなたがたに言います。情欲を抱いて女を見る者はだれでも、心の中ですでに姦淫を犯したのです。もし右の目があなたをつまずかせるなら、えぐり出して捨てなさい。からだの一部を失っても、全身がゲヘナに投げ込まれないほうがよいのです。もし右の手があなたをつまずかせるなら、切って捨てなさい。からだの一部を失っても、全身がゲヘナに落ちないほうがよいのです」(5・27－30)。

このイエス・キリストの言葉に照らされるならば、姦淫の罪の範囲は、「情欲を抱いて女を見る」者全員が姦淫という罪を犯していることとなります。女性でも同じです。

あるキリスト者の女性が正直に、「この『情欲を抱いて見る』という言葉の前には、かたちは違えど女性もまたみなその罪を犯しています」と仰ったことが忘れられません。そして自分自身も今なお、この箇所を開く限り、いつになっても自分が罪人であることを明確に自覚させられます。そして絶えずこの箇所を曲解したくなる誘惑にかられるほど、この性的な闘いはリアルに私たちの前に立ちはだかっています。

姦淫の罪がもたらすもの

では、神はなぜ姦淫の罪を禁じられたのでしょうか。そしてこの罪を犯すことは、どのような結果を私たちの生活にもたらすことになるのでしょうか。

驚くべきことは、第七戒は第六戒の「殺してはならない」に続き、第八戒の「盗んではならない」よりも先に語られているという事実です。誰もが当然のごとく悪とされる「盗んではならない」よりも先んじて語られるほど、キリスト教信仰では「姦淫してはならない」という戒めが重要視されているのです。

この重要性の理由は、まず第一に、神に対する裏切りの行為となるからです。神はご自身のかたちに似せて人を造られ、その神のかたちを表すのが、男と女です。夫婦とされた男女の愛は、三位一体の神の愛に「似せられ」、神の愛を基盤にし、神の愛を地上に表現するために造られています。そして神とイスラエルの関係が、夫婦とされた男女の愛で表現されているように、男女間の愛と神と人との愛には共通したものがあります。

マラキ書2章では、結婚の際に、主が愛の証人として立っておられると記されています。そして妻を裏切る者が、いくら神礼拝をささげ、祈ったとしても、神は妻を裏切る者の礼拝を受け取ることをしないことを明らかにしておられます。自分の夫や妻を愛することによって、神礼拝の真価は問われているのです。人生の伴侶を裏切ったり、泣かせたりする者は、神を愛する者とはなっていないのです。つまり、姦淫の罪を犯すということは、そのまま神の備えられた結婚を汚し、神を裏切る行為を行っている深刻な罪なのです。

第一戒、第二戒から学んだことは、十戒に生きるとは「約束に生きる」「愛に生きる」ことでした。まさに結婚式の誓約に生き抜くことで、私たちが神の愛と約束に生きることを表しています。そう思うときに、神とイスラエルとの関係が男女の愛で表現されているのは、単なる比喩でもたとえでもなくなってきます。神と私たちとの関係は、自らの夫婦関係の誠実さにおいて根本的な意味を持っているのです。

第二に、姦淫の罪がもたらすものは、三位一体の神に似せて造られた夫婦の交わりの破壊です。堕落はすぐさま、夫婦関係に影響を及ぼしました。罪を犯したアダムは「あなたが置いたこの女が……」と自分の罪の原因を妻のせいにしたように、罪は夫婦関係を壊します。そして姦淫の罪は決定的に夫婦関係を破壊します。ここには愛の裏切りがあり、約束の破綻があります。そしてときに伴侶の絶望や自殺をも生み出すことさえ起こります。

さらにダビデとバテシェバの姦淫の罪は、当事者だけではなく子どものいのちにまでその罪は及びました。ダビデの妻ミカルの子アブシャロムの父に対する激しい憎しみは、父と子の激しい殺し合いにまで発展することとなりました。

また姦淫の罪は、「望まれないいのち」を体に宿す可能性を帯びています。それはそのまま堕胎、中絶という「殺してはならない」という第五戒の戒めを犯すことにもなるのです。

姦淫の罪は夫婦のみならず親子、家族などの共同体の破壊も引き起こし、第四戒の「従われやすい父、敬われやすい母」であることを放棄することになります。そして言うまでもなく教会の中での姦淫の罪は、教会共同体を激しく揺さぶります。特に牧師の姦淫の罪は歴史の中で幾度となく起こり、キリストの教会を激しく傷つけてきました。この罪は共同体に決定的な傷をもたらす性格を強く持っています。

そして何より姦淫の罪は、神にかたどられた自分自身をも破壊します。この罪を犯した者は、信仰を損ない精神を病むこともあります。どれだけ時代が変わり、価値観が変わったといえども、姦淫の罪を犯した自分自身に開き直ることはできず、隠し続ける自分自身の生活を持つことは、その人本人の生き方と精神を幸せに、そして健やかにはしません。

では、姦淫をしなければよいのか

では、姦淫をしなければ、この第七戒は何も問題がないというのでしょうか。そうではありません。「姦淫をしてはならない」という戒めは、そのまま「この地上に愛し合う夫婦を築き上げていく」方向へと私たちを導きます。

もし真面目に生き続けて姦淫の罪を犯したことがないとしても、夫婦の愛が冷め切った関係を継続しているならば、第七戒の戒めの違反となります。私は結婚前に、ある牧師にこう言われたことがあります。「罪は、夫婦の間に入ってきたのですよね。それならば救いもまた夫婦において実現しなければ、完成しないのではないですか」。そのとき、救いは個人的な事柄ではなく、共同体の事柄であることを自覚させられました。それと同時に夫婦の関係が救われるということは、夫婦の愛の交わりが救われるということであると教えられたのです。

夫婦が救いを得るということは、自らの救いが霊的・内面的なことだけでなく、実に肉体的な夫婦という場所で実現することを意味しています。そこには救いの広がりが与えられています。夫婦が二人で救いを得るときに、その夫婦にはまさに神の愛のあたたかさがあり、体温を伴った赦しがあり、愛されることの伸びやかさを感じることができるでしょう。神はこの地上において、その救いの喜びを味わうようにと夫婦関係を私たちに与えられました。

祝福された夫婦の性生活

さらに第七戒「姦淫してはならない」という戒めは、私たちに祝福された夫婦の性生活に生きるように招いています。罪と堕落の中で汚された性ではなく、喜びと感謝と主への賛美に満ちた性の喜びがあることを、聖書は大胆に旧約聖書の雅歌において語ります。まさに雅歌に描かれたような性生活に、キリスト者たちは招かれているのです。ここには律法主義的な禁欲の世界はないし、ギリシア的な霊肉二元論もありません。むしろ聖書が語り、励まし、促すことは、箴言5章8節に「あなたの泉を祝福されたものとし、あなたの若いときからの妻と喜び楽しめ」とあるように夫婦の性的な関係を喜び楽しむことです。

特にキリスト者の男性たちは、この性のテーマについて、結婚をするそのときまで敗北の歴史を重ね続けてきました。しかし、神が与えてくださる「ふさわしい助け手」としての妻によって、ようやく勝利の手がかりを得られたのです。

結婚の証人をしたあるカップルがわが家に来て、こう言ってくれたことが忘れられません。「夫婦のセックスを経験したときに、今まで自分がずっと敗北感を覚え、また恥ずかしさを感じ、隠してきた部分をさらけ出しても、妻が裁くことなく、見下すことなく、大切に受け入れてくれたときに、自分はこの世界に自分の居場所を得ることができました」。

外で弱さを見せることの下手な男性たちにとって、夫婦における性生活は、伸びやかに愛と自由を味わえる場所ともなります。夫婦の性的関係を、聖書が「知る」と表現しているのは良い例です。ここには愛されることで自分を知ってもらえる喜びがあり、また愛する人から愛されている満たしがあり、もう他の誰かにこの愛が向けられないという安心と解放があります。第七戒は神の与えた喜びの性に生きるようにという招きでもあるのです。

夫婦の危機

しかし、現実の夫婦関係の中には、セックスレスという危機もまた起こっています。夫による自己中心的で暴力的なセックスに傷ついている女性は少なくありません。また産後クライシスと呼ばれる時期に、妻には女性ホルモンが減るという現象が起こり、育児の疲れもあいまって、妻から夫婦の性生活の拒否が起こることがありえます。その拒否の言葉に傷ついた夫たちが、再びアダルトサイトや性的な誘惑の敗北の中に身を投じていくことが起こりやすくなります。

パウロもこの事実に危機感を覚え、コリント人への手紙第一7章で「自分のからだは相手のもの」と語り、夫婦間のからだの関係を拒んではならないと語っています。

また牧師が起こす性的スキャンダルは、若い時期というよりも、四十代から六十代の自らの体力の減退を覚え始め、献身したときに描いた自分の将来との違いに限界を感じた時に起こりやすいのです。「まだまだ自分はやれるんだ」ということを確認するために、性的関係に身を投じてしまうと言われています。

しかし、夫の体力、気力、能力の限界が見えたとしても、若いときから夫婦が性的な関係を持ち続け、対話を交わし、人格的に支え合うときに、この時期の危機を夫婦で乗り越えられるのです。

結婚している男性たちは、罪に影響された自己中心的な性行為を省みる必要があるでしょう。妻のからだをいたわり、妻の喜びが生み出されるように、妻との真実な会話や交わりを努めて持つようにしないといけません。さらに女性たちもまた男性の抱える孤独を理解し、神の造られた性欲を汚れたものと見下さず、夫の助け手として性に関する理解を夫婦の間で深めていく必要があります。

これらのことはキリスト教会でもっと積極的に語られていかなければなりません。しかしキリスト教会の歴史では、ギリシア的な霊肉二元論の影響を受け、霊や魂のことが高次元のことであって、肉体的なことは低次元のことだと理解されてきた歴史があります。この傾向は、アウグスティヌスやオリゲネスのような影響力を持った古代教父にも見られるものです。オリゲネスは禁欲のために生殖器を切り取ったと言われますし、アウグスティヌスも自分の若い頃の性的に乱れた生活を悔い改めるために、禁欲に生き、結婚の意義は説きつつも「婚姻関係の中で子をもうけるための性的関係は許される罪であって、必要悪」という理解を超えることはありませんでした。

このような教会の伝統や歴史から、性のテーマはなかなか肯定的に理解されてこなかったことが大きな原因です。この霊肉二元論を突破するようにとも、第七戒は語っているのです。

独身時代をきちんと生きる

第七戒の語る「姦淫しない」社会形成のために、キリスト者は何をすべきでしょうか。その一つは、独身時代をきちんと生きることです。考えておきたいのは、「積極的禁欲」ということです。「禁欲」という言葉は古めかしい、律法主義的な響きを持つかもしれません。

しかし、創造のときに人間に与えられた使命には「地を従えよ」という言葉があります。肉体もまた従えるべき「地」なのであり、従わせるべき対象です。神はなぜ独身時代にも性衝動が起きるように創造されたのでしょうか。結婚してから性欲が起動し始めたら、どれほど楽なのだろうかと、私はよく独身時代に考えました。

しかし、独身時代に自分の性欲を「従わせる」修練を積まないまま生きた人は、結婚後も同じ過ちを犯してしまいがちになります。男性が浮気をしやすいときは、妻が妊娠しているときだと言われます。愛する妻が愛するわが子を妊娠しているときに、自分の性欲をコントロールできずに、性欲の欲しいままにふるまってしまうならば、愛する家族は破綻します。

神は愛のゆえに、自らの肉体と衝動を積極的にコントロールする力を独身時代から鍛えようとされています。なぜなら結婚後もこの闘いは、そのまま継続するからです。これは独身時代の女性にもそのまま言えることです。寂しいからといって、誰かのそばにいたいという感情をコントロールできないのであれば、結婚後、夫からその感情が満たされないとき、他の男性に、さらに子どもに自分の感情をぶつけるようになっていきます。これは非常に深刻な事態でもあります。

運転がうまい人はアクセルを踏むのがうまい人ではありません。自分がどこまでスピードを出すと止まることができないかを知っている人です。さらに、同乗者も快適に車に乗ることができるように止まることのできる人です。神は独身時代にその修練を私たちに求め、私たちは妻を、夫を愛する力を養うように育てておられます。ここには「～してはならない」という束縛ではなく、愛するがゆえに「あえてしない」という積極的な選択があるのです。

また私の経験ではありますが、結婚してから一か月ほど、妻とからだの関係をうまく持つことができませんでした。しかしその期間を祈りつつ、二人でその時を待ち続けました。そして初めてその関係を持つことができたときに、妻がこう言ってくれたことを忘れることができません。「ずっと待っていてくれてありがとう。ずっと待っていてくれたから、これからもずっと私だけなんだとよくわかった。ありがとう」。この言葉が涙が出るほどうれしかったことを覚えています。

もしあのとき、「自分たちは結婚しているんだから」と無理矢理に、妻とのからだの関係を持ったとしたら、私たち夫婦の大切なものが損なわれてしまったことでしょう。

第七戒の戒めは、頭の固い古い教えではありません。むしろ、神は私たちに安心して愛し合える関係を持ってほしいと願っておられるのです。第七戒「姦淫してはならない」は、神の愛に満ちたご計画なのであって、安心した愛の中を生きる三位一体の神の愛の交わりへの招きなのです。

学びと交わりの機会を持つ

クリスチャン夫婦であれば、必ず愛し合う夫婦になるというのは自明のことではありません。独身時代から、聖書から結婚について学び続けることが必要です。若い頃ほど、私たちは自分の愛という感情に自信を持ちすぎている傾向があります。しかし人間の愛はいかほどに脆く、頼りないものであるかを年を経るたびに気づかされていきます。しかし気付いたときには、「もう私たち夫婦はこのまま変わらないのだ」と諦めてしまいやすいのです。だからこそ、若い頃から、聖書から恋愛、結婚、性のテーマを学ぶ機会を作っていく必要が教会にはあります。

私たち夫婦もまた結婚後、毎年、尊敬する先輩夫婦のもとへと通い、自分たち夫婦のメンテナンスを行ってきました。そこでの交わりやいろいろな質問の中で、「うまくいっている」と自分が思っていたとしても、相手に我慢を強いていたり、自分の中に言葉にすることがなかった強い不満があることに気づいたりします。そして、変わろうとする変化が夫婦の中に育っていくのです。

この第七戒の指す光の道に生きるためには、何よりも周囲の助けが必要です。裁かない友による祈りの助けは大切です。

私には学生時代、ＫＧＫにこのような友人がいてくれました。彼らは私の性的な悩みを何度も聞いてくれましたし、私もなんでも話せました。そして私がある誘惑の中で葛藤したときに、彼らはニヤニヤ笑いながら「神様、シゲは最近ヤバイです」と祈ってくれたのです。そんな彼らの交わりが、私をきよさの中に保ってくれたのです。そのような同性の裁かない交わりは、結婚後も姦淫への扉を開くことから守ってくれています。

悔い改め、赦されて生きること

さらに、第七戒の問題を考えるときに決して忘れてはならないのは、神の前で悔い改め、新しく生き直すことができるということです。性的な罪を犯したときこそ、自分に失望し、黙って教会から去っていくことになりやすいのです。

しかしこの第七戒の罪こそ、特に十字架のもとで聞かれなければなりません。もし私たちが過去の犯した過ちを、自分で赦すことができなくとも、神が「あなたの罪を赦す」と言ってくださるのです。キリストの十字架を小さく見てはいけません。むしろ第七戒においてこそ、キリストの十字架は大きく私たちに迫ってくるのです。

そして、第七戒が私たちに与えてくれることは、何度も悔い改めることの実践です。あの姦淫の現場で捕らえられた女性を赦し、そして「もう罪を犯してはならない」と送り出されたあの主イエス・キリストの言葉を、何度も何度も聴き続けることが大切です。

大事なことは、開き直ることなく、赦され続ける訓練に生きること、悔い改め続ける訓練に生きることです。第七戒が私たちにもたらしてくれる自由への生き方は、赦されやすく、悔い改めやすい信仰です。

愛し合う二人から宣教は始まる

夫婦が壊れているこの時代、愛し合っている夫婦の存在はすでに宣教なのです。周りの人は見ています。「なぜあの夫婦は、愛し合い続けることができるのか?」と。そして受け取るのです。「ああそれは、彼らがクリスチャンだからか」。

愛し合うことを選び取り変わろうとしていく夫婦の子どもたちには、その信仰が継承されていくのではないでしょうか。自分たちもまたあの親のように愛し合う夫婦になるためには、信仰を持つことが重要なのだと証しされていくからです。

またこの性の乱れた時代に、真剣に貞操を保つ存在もまた宣教です。ＫＧＫ男性合宿で悔い改めた男子学生は、「俺は一人の女性のために取っているんだよ」と胸を張って答え、恋愛の相談に乗りながら、「君はやっちゃってるから駄目なんだよ」と、このテーマから伝道するのです。

今、キリスト者に求められる大切なことは、胸を張って第七戒のもたらす祝福のメッセージをこの日本社会の中で語り抜いていくことです。

そうするときに、姦淫しない文化が形成されていきます。姦淫しない文化こそ「裏切らない」文化であり、それはこの世の中が実は心から求めているものなのです。そしてそれは、「盗むな」「嘘をつくな」「欲しがるな」という第八、九、十戒に先立ち、それらを基礎付けるものなのです。

SOGI、セクシャルマイノリティについて

私が学生伝道をしている時に、数多くのセクシャリティを自認する学生たちと出会ってきました。さまざまな性自認か性的指向を持つ人たちは、あるデータでは、性的少数者の割合は左利きの人の数（七～八％）だと言われています。学生伝道を二十年間に私にカミングアウトをしてくれた学生たちの数を思うと、このデータは妥当なデータだというのが実感です。

このテーマは必ず先天性と後天性が議論になります。そして私が学生伝道の現場で出会ってきた当事者の学生たちは、先天的であるとしか思えない学生たちでした。クリスチャンの親に育てられ、愛され、教会の交わりに囲まれ、ある者はすでに信仰告白をし、洗礼を受けている。しかし自分の性的指向について考えると、明らかに異性に向かうよりは同性に向かっていく。もしくは性的指向それ自体を感じない。

そして教会では自分のこのような性的指向は罪だと言われているように感じてきた学生たちに出会ってきました。自分の罪を悔い改めれば、自分は変えられるはずだと考えてきたし、神様か

らの癒やしを求めると癒されたという証しを聞いたこともある。しかし自分はいつまで経っても祈りは聞かれることがない。自分は信仰が足りないからなのだろうと、心を痛めながら、彼／彼女らは神に失望してきたのです。

そしてカミングアウトをしてくれた彼／彼女らの多くが「この話をしたら、どのように受け止められるだろうか」と不安な思いで、怯えるように自分の人生の苦しみを打ち明けてくれました。その告白を聞いた上で私が話してきたことは「勇気をもってよく話したくれたね。もう自分の同性愛感情や性的指向また性自認を悔い改める必要はないから。その感情を持つことや、性的衝動自体が罪などではない。もし結婚前のセックスをしたのであれば、結婚前の男女の場合も同じように悔い改めのお祈りをしよう。そしてキリストの十字架の赦しを一緒に受け取ろう。イエス様はもうあなたの『罪を思い出さない』と言ってくださるから。今後またもしその罪を犯したとしたら、私は裁かないから同じように悔い改めを続けよう。問題は、悔い改めなくなることと赦されることから遠くなることだから」ということです。

そして、ここで問われるのは同性婚についてです。果たして聖書は同性婚についてどのように語っているのか、私はまだ結論を出せていません。もっと聖書的に、神学的に学び続け、考え続けたいと思っています。天動説と地動説の時のように、聖書それ自体に回答のない真理が明らかにされる日を待ちたいと思います。

しかしその日が来るまでは、私は私にカミングアウトをしてくれた彼／彼女らと共に教会で生きていきたいと思います。ある学生が私にこう話してくれました。「自分は自分がセクシャルマイノリティでなかったら、とんでもない怪物になっていたと思う。聖書を用いて人を裁き、まるで神のようになったかのようにふるまう怪物です。神様はそんな怪物になることがないように、守ってくれました」。深く自分の人生を問われる言葉との出会いでした。

神の家族として互いに心を配り、抱えているかもしれない孤独感に気遣い合いたいと思います。そして教会で悪気なく言われる「結婚しないの？」という言葉の持つ暴力性を考え直したいと思います。結婚もまた召しであり、信仰の応答の結果であり、一つの選択肢です。

意見交換のために

1　姦淫という罪がもたらす悲惨について、ご自分の考えていることを分かち合ってください。

2　第七戒の章を読んで、考えたことや新しい気づきがあったことについて自由に話し合ってください。

3　神の祝福された良き性を受けとめるために、必要なことは何でしょうか。

4　この世界が愛し合う社会になるために、キリスト教会の提供することのできることは何でしょうか。

第八戒　裕福になることと搾取に生きるということ

「盗んではならない」。

（出エジプト20・15）

第八戒の「盗んではならない」ほど、何をなすべきではないのかをシンプルに教えてくれる戒めはありません。第八戒はその言葉通り、盗んではならないのであって、どういい加減に取り扱おうとしても、そこに付け加えることもありません。

しかしここで問題にしたいのは、これまでもそうであったように「盗んではならない」という戒めが光を当てている範囲、射程です。つまり「盗まなければそれでよいのか」ということです。また、第八戒は私たちが日常生活でどれだけ無意識に、気づかずに「盗む」という行為をしているのかに気づかせようとしているのです。そして今までも考えてきたように、「盗まない」「盗ませない」社会、文化の形成のための第八戒の指針をしっかりと受け取りたいのです。

所有の問題

さて、「盗んではならない」の前提となっているのは、所有の問題です。

キリスト者はこの世界にあって、自分の手のひらに乗っているものをいったい誰のものだと考えているのでしょうか。キリスト者は「私のものだ」とは言いません。国家の所有だとも言いはしません。キリスト者は、自分が所有しているものは、世界を創造された「神が所有しておられるものだ」と考えるのです。

「これは、あなたにあげたものだよ」と言ったり、「これは家族、みんなのものだからね」と言うときも、キリスト者は本質的に「神様のものだからね」と言っているのです。

聖書は「所有」それ自体を禁じてはいません。

放蕩息子の兄に語る父親のように「私のものはすべてお前のものだ」と神は語られます。あるいは創造の最初に、「生めよ。増えよ。地に満ちよ。地を従えよ」、「地を耕せ」、「園のどの木からでも思いのまま食べてよい」と語られました。あるいは五タラント、二タラントを増やしたしもべのたとえ話のように、ここには神に委ねられ、神から委託されたものを自由に手にし、管理し、食し、広げ、財産を用い、それを生かし、経済活動を展開し、働いたことによって正当な報酬を得ることを、聖書は禁じてはいないどころか、それらを神の国の建設の使命として励ましています。

ここには人間が所有することの自由があり、管理する使命があり、礼拝での聖餐においては良き創造の被造物を食することが、神との交わりの中で与えられています。

大切なことは、神との交わりの中で所有することなのです。人の所有には「神を神とする」という第一戒の約束のもとに行うことが前提となっています。そもそも所有の問題に立ち返るならば、私たちの所有しているものは一つもないと言えますし、同時にすべてを所有しているとも言えるのです。

献金についても、この点から考えるとよくわかります。マラキ書には十分の一献金の勧めがあります。ここには十分の九は自分のもので、十分の一だけは神様のものという考えではなく、与えられた生活のすべてが神様のものであり、その感謝を十分の一の献金とするのです。

荒野にマナが降ってきた物語で、翌日にまでマナを取っておくと腐ってしまったのは、多く所有することが問題なのではなく、神との約束の言葉に忠実に生きるという約束の問題でした。「所有をしてはいけない」のではなく、神との交わりによって自らの所有しているものを管理し、生かし、用いることを第一のこととするのです。「いかに生きるか」という倫理は、神に委託されている事実から始まるのであって、「これは私のもの」と主張するところから始まるのではありません。

その意味で、第八戒を告白する際に、「自分の人生もまた自分のものではない」ということを告白しなければなりません。自分の人生も、自分の時間も、自分の健康もまた神の所有にあるのです。そう考えるならば、私たちは自分に与えられた神の時間を、自分自身で盗んでいないかということを考える必要があります。学生が勉強することを「怠けたい」という思いに捕らえられ、怠惰に時間を過ごすならば、それは与えられた神様の時間を盗んでいることになります。時間管理もまた第八戒の射程に入ってくるのです。

あるいは逆に忙しすぎるというのも、神様に与えられた時間を盗んでいることになります。スケジュール帳に予定を次々に入れていくことは、自分を追い詰め、眠る時間を奪い、健康を失い、大切な人や家族との時間を奪い続けることになります。第八戒を前にするとき、私の子どもが父親と過ごすべき時間を、私は息子から盗んではいないだろうかということを深く問われなければなりません。あるいは妻が夫と過ごすべき与えられた時間を、私は妻から盗む権利を有してもいません。

この「所有」に対する姿勢こそ、「盗まない」社会形成をするための大きな前提となっていきます。

「誘拐をし、奴隷にしてはならない」

さて十戒研究が進められていく中で、第八戒「盗んではならない」が、出エジプト記当時のイスラエル共同体にとって具体的に意味するものは、「誘拐をしてはならない」ということであっただろうと言われています。すなわち「誘拐の禁止」です。

これは創世記のヨセフ物語に出てくるように、ヨセフを妬んだ兄たちからヨセフが奴隷として売り飛ばされた物語からもよくわかるでしょう。このような出来事が頻繁に起こったイスラエル共同体に対して、またエジプトの地で奴隷の抑圧を受けた経験を持つ彼らに対して、第八戒は「誘拐をし、奴隷にしてはならない」という強い禁止を叫ぶのです。

ガラテヤ人への手紙5章1節でパウロは、「キリストは、自由を得させるために私たちを解放してくださいました。ですから、あなたがたは堅く立って、再び奴隷のくびきを負わされないようにしなさい」と記しました。私たちは自分の人生を再び罪の中に盗まれ、奴隷にされてはならないのです。キリストによって与えられた自由なる人生への感謝を生み出してくれます。

さて、この「誘拐して、奴隷にする」ということが「盗んではならない」ということの意味であるならば、ここで問われているのは、誰かの人生を自分の思い通りに支配し、自由を強奪することの禁止です。人の自由を盗むことの禁止とも言えるでしょう。宗教的なカルト指導者のマインドコントロールや、親が子どもの人生を束縛し、虐待を加えることも、あるいは夫婦間のDVも、自由を奪い取る第八戒の禁止事項に該当します。

さらにキリスト教会において牧師が信徒を、信徒が牧師を思い通りにしようとコントロールすることもこの禁止に入ります。教会はキリストの所有であり、誰かの奴隷状態に置かれることがあってはなりません。

私はあるとき、私を苦しめてきた罪の告白を、牧師に聞いてもらったことがあります。するとその牧師は、「私に話したからといって、私がどう思うだろうかという思いに支配されてはいけません。私は守秘義務を守りますし、お聞きしたことを心に留めて祈ることはあったとしても、これから先、あなたとの間で私からは話題にすることはありません」とおっしゃいました。これもまた第八戒を忠実に守る牧師の行動です。

罪の告白は神との間でなされたものだからです。牧師が「人を支配する、支配される関係」になることに強い懸念を持っておられることを知り、感動した経験でした。

日本における「誘拐され、奴隷にされている」現実

さらに文字通り、「誘拐され、奴隷にされている」現実として、世界には今、この時も「誘拐し、奴隷とされ」盗まれ、カカオ農園、コーヒー農園で働かされている子どもたちがいて、さらわれて兵士にされている子どもたちがいることを忘れることは出来ません。

では、日本ではどうでしょうか。直ちに頭に思い浮かぶことは、二〇一一年の東日本大震災の津波から起こった福島の原発事故です。原発事故から福島の人々は、避難を余儀なくされ、住む場所を奪われてしまいました。さらに除染活動が行われながらも、低線量被曝や食物による内部

被曝がこれから先どのような被害が出るのかという不安があります。さらに明らかになった原発の本質的な問題は、日本全国の特に東北各地にある都市部ではない五〇の地域に原発が建てられている問題です。本当に安全なものであれば、送電コストを考えても都会に造れば良いのです。しかし原発のはらむ危険性を考える時、首都圏で原発をつくらせず、都市に地方を従属させる構造があるのは確かです。

「東北学」を提唱する民俗学者で、東日本震災復興構想会議のメンバーである赤坂憲雄さんは、「戦前、東北は『男は兵隊、女は女郎、百姓は米を貢ぎ物』として差し出してきた。いわば、国内の植民地の構図があった。現在はさすがに違うだろうと思っていましたが、震災でいくらか認識を改めました。食糧もそうですし、電力は典型的です。東京で使う電力を東北が供給している。巨大な迷惑施設と引き換えに巨額の補助金が落ちる。今まで意識してこなかった構造が、震災を契機にはっきりと浮かび上がりました。きわめて植民地的な状況です。中心と周縁、中央と地方という構図が依然として東北を覆い尽くしているのです」と語ります（「朝日新聞」二〇一一年九月一〇日号）。

沖縄の現状も同じ構造があるでしょう。太平洋戦争において、首都決戦に入る前の時間稼ぎとして沖縄戦が行われました。アメリカ軍上陸により、三万数千人の民間人を含む十八万人の命が失われました。さらに沖縄の戦後はアメリカ軍の用地接収により土地が奪われ、現在も日本全国の七〇％を超える米軍基地を、沖縄県一県に負担させられています。アメリカ軍兵士によるレイプ、暴行があってもなお、日米地位協定を見直すことへと踏み出せず、沖縄に犠牲と負担を押し付けています。日本にも文字通りの「誘拐」があり、自由を奪われ、支配されている状況があるのです。

しかし「原発が出来たおかげで、東北にもお金が落ちているでしょう」「沖縄も結局、基地がなければ経済が成り立たないのでしょう」という声が上がります。いわゆる原発交付金、基地交付金です。原発交付金は、環境調査を行うだけで年間五億円が支給され、着工すると五〇億円が入り、二十年間で八九三億円の交付金と固定資産税が確保されます。しかし運転開始後十年後から徐々に金額が減らされ、二十年を前にすると再び次の原発建設を誘致しないと今までの税収を確保できない仕組みとなっています。そして第一原発、第二原発と増えていくこととなるのです。これらの構造が、地域経済を成立させない依存社会の形成です。東京や都市部が快適な生活を過ごすために、地方を「盗んでいる」現実が確かにあるのです。

富と権力の問題

では、なぜ福島でこんなにも悲惨な事実が起ころうとも、なお原発を動かそうとする勢力がいるのでしょうか。その一つは、富の問題です。お金のことを考える時、思考停止が起こりやすくなります。「電力が止まると中小企業はほとんど潰れる」と自由を失う人が居ても経済的な不安が優先し、隣人の搾取よりも自分の今の生活の確保へと向かっていってしまう傾向があります。自分の既得権益が守られるためには、隣人の犠牲もまたしょうがないよねというところに、富の恐ろしさがあります。

リュティは十戒の説教の中で「神は第八戒で財産を守られます。……しかし神は不正な財産も守られるのでしょうか。……財産を持っている人が貧しい人たちから盗まれることから守られるだけなのでしょうか。むしろ神はこの戒めに依って無一文の人々が、財産を持っている人々から引ったくられることを守られるのであり、どちらかと言えば、こちらのほうに重きを置いておられるのではないでしょうか」（W・リュティ『十戒』235－236頁）と語りました。富に仕える人間の罪性が、この原発推進に対して足を鈍らせます。

さらに福島の人の生活を奪っても、原発を稼働し続けようとする動きの中にある思想は、「強い日本」への憧れがあります。現在日本は長崎型原爆にするならば五千発もできる放射性物質を維持しているにもかかわらず、さらに原発として加増し続け、抑止力にしなければならないという考えが存在します。二〇一二年六月二十日の原子力基本法の一部改正では利用目的に「わが国の安全保障に資する」と追記されました。ここに原発の軍事転用に道を開こうとしている力が存在しているのです。

信教の自由を盗まれようとしている現実

またキリスト者として警戒すべきことに、信教の自由を奪い取ろうとする勢力を見据えておかなければなりません。

二〇一二年四月に発表された自民党憲法改正案の、第二〇条「信教の自由は、保障する。国は、いかなる宗教団体に対しても、特権を与えてはならない。二、何人も、宗教上の行為、祝典、儀式又は行事に参加することを強制されない。三、国及び地方自治体その他の公共団体は、特定の宗教のための教育その他の宗教的活動をしてはならない。ただし、社会的儀礼又は習俗的行為の範囲を超えないものについては、この限りでない」(傍点筆者)。

ここの最大の問題点は、誰が「社会的儀礼」を判断し、「習俗的行為の範囲」を定めるのかという点である。この憲法改正によって、学校行事としての神社参拝、靖国神社、護国神社参拝が可能となり得ます。

もし自分の子どもが「先生、私は神社参拝を信仰上の理由でできません」と言うと、「いやこれは社会的儀礼であって、習俗的行為を超えていないんだよ」とクリスチャンの教師も答えないといけない事態が起こってくるのです。

ここに今「信教の自由」が奪われようとしている思想、信条、世界観が私たちの前に立ちはだかっており、「イエスは主である」という告白に立ちはだかろうとしている力が私達キリスト者の前に立ちはだかっていることを自覚しておかなければなりません。

始めるべき悔い改めと方向転換

ここで第八戒「盗んではならない」が私たちの目を開かせ、見させようとしていることは、当事者意識の欠如と、思考停止に陥ってしまっている自分たちの姿です。

社会が不安定な状況に陥ると、私たちは正義感によって、犠牲を他人に強いることがあります。三・一一の震災の際は、募金をした側が「自分たちの献金を目に見えるような形で残したい」と、被災されバラバラになった教会の信徒の方々の声に耳を傾けることなく、新しい教会堂を勝手に建てていく働きがあったことも思い起こされます。東北にある教会の牧師は、「泥まみれでボロボロになったこの場所に信徒の方々と立って、そこで手と手を取って涙を流したかった。もう一度この場所に教会が建てられるように祈りたかった」とおっしゃいました。

都会で過ごす自分たちの納得するスピードで、目に見える形でわかりやすく支援を行いたいという思いが、その祈りの機会を「盗んでしまって」いたのです。私たちはこの当事者意識の欠如を悔い改め、このような思考停止の状況から脱し、搾取の構造に目をとめ、向きを変えて歩き出す必要があるのです。

盗まない社会と文化の形成

さて、向きを変え、歩み始めるために第八戒が語る「盗んではならない」との戒めは、どのような自由への道しるべを指し示しているのでしょうか。

パウロは、「盗みをしている者は、もう盗んではいけません。むしろ、困っている人に分け与えるため、自分の手で正しい仕事をし、労苦して働きなさい」（エペソ４・28）と語ります。

ここにパウロが記す「盗みをしている者は……」という言葉について、私たちはすでに「自分のことではない」という思いになることはできません。「盗んでいた」私たちが、「もう盗んではいけません」という勧めに立って、「盗まない」「盗まれない」社会と文化の形成へと生き方を変えたいと思います。

助けること、施すこと

そのためにパウロは三つのことを語ります。

一つ目は「困っている人に分け与える」ことだと聖書は私たちに教えます。盗むことの対義語は、「盗まない」ことではなく「助けること」「分け合うこと」なのです。

『ハイデルベルク信仰問答』にはこうあります。「問111　それでは、この戒めで、神は何を命じておられるのですか。答　わたしが、自分にでき、またはしてもよい範囲内で、わたしの隣人の利益を促進し、わたしが人にしてもらいたいと思うことをその人に対しても行い、わたしが誠実に働いて、困窮の中にいる貧しい人々を助けることです」。

第八戒で命じているのは、隣人の利益が促進され、困窮の中にいる貧しい人を助けることのできる社会形成をしなさいということです。

キリスト者になったときに、私たちは自分の所有をいかに増やし、いかに快適に暮らすかに幸福を感じたところから、幸福感のパラダイムシフトが起こったのです。「受けるよりも与えるほうが幸いです」と、隣人の利益の促進に生きることに喜びがあると知ったのです。なぜならイエス・キリストこそ、私たちの一番の困窮を救い出し、助けてくださった方だからです。このイエス・キリストと生きるとき、キリスト者は分け合うことが喜びになり、ささげ、仕える側に喜びがあるのだと知ったのです。

身近なところから言うと、電車の椅子を譲ることであり、自分を必要としている子どもと、妻と、あるいは孤独を覚えている友人と過ごす時間を選び取ることです。そして今自分が大学で学んでいる専攻を生かして、あるいは自らの職場の中で盗みが横行する社会的構造にキリスト者として立ち向かい、助け合う社会、分かち合う文化の形成に仕えることなのです。

自らの手で

さらに第八戒の実行として、聖書は「自分の手で正しい仕事をし」と二つ目のことを語ります。先ほどの『ハイデルベルク信仰問答』でも、「わたしが、自分にでき、またはしてもよい範囲内で」と語っています。今まで取り上げてきたテーマはよく、「大切なことはよくわかるけれど、きっと自分以外の誰かがやってくれるだろう」という考えに陥りやすいものです。

しかし「盗まない」社会形成のために大切なことは、「あなたは自分の手で参与しなさい」と語るのです。つまり誰かものすごくお金のある人がするのではなく、時間のある人がするのでもなく、「自らの手で」、つまり私たちの持っている時間、体力、考える力、祈る時間、ささげる献金を分け合うことなのです。

一番の問題は、「それほど大切ならば、自分じゃない誰かがするよ」という姿勢です。一人ひとりが「自分の手を持って、正しい仕事に」仕えるときに、この「盗まない社会」「奪われない社会」は形成されていきます。それは今、困窮の中であえいでいる人であっても、「自分の手にある何か」を、誰かのために使っていく必要があります。

人は誰一人、受けるだけの存在になることはないのです。全員が「自分の手を持ってなす」ときに、そこには「受ける人」「与える人」という構造が形を消していきます。「自分の手によって」という姿勢は、受けるだけの甘えの構造や、「いかに受けられるか」だけに集中する思考停止状態をも自覚させてくれるのです。

また、逆に起こりやすいこととして「自分がすべてをやらなければ」と力が入り、その後の無力感に苦しむことも起こるでしょう。『ハイデルベルク信仰問答』は、「自分にでき、またはしてもよい範囲内で」と制限をかけます。これは「できる限りのことでいいよ」という小さな意味ではなく、神が神の所有された世界を維持しておられ、支配されている主の働きにお委ねすることを促す言葉です。

自分がメシアになってしまおうとする願望もまた、私たちは注意深く取り扱わなければなりません。最終的には、主がすべてを完成させてくださるのです。

この深刻な状況を誰よりもご存知な神が、この現状に無力さを覚え意気消沈することなく、ご自分の所有の世界に独り子なるキリストを遣わし、今日も高らかに「世界は神のものである」と宣言しておられるのです。

骨を折ること

三つ目にパウロが語るのは、「正しい仕事をし、労苦して働きなさい」ということです。ここで私たちがよく知っていることは、正しいことをすれば大勢から支持されるわけではないという事実です。「労苦して」とは「無駄骨」という言葉もあるように、すべて良い結果を伴うわけではありません。「盗みに満ちた社会」「盗みに目をつぶり加担している自分の弱さ」を見つめるとき、私たちは諦めそうになります。

しかし、地上で折った骨の結果がどうであれ、諦めないことが求められています。今なしている信仰の告白も、小さな営みも、終末の完成につながる告白だと信じる信仰を失ってはいけないのです。なぜなら、主イエスが再び来られるときに、偽りのものはやがて廃れるからです。私たちはこの終末の希望を見失っては絶対にいけません。

この時代に、この本を手に取り、誰かと祈り、自分のできることをしようとし、助け合う社会、分かち合う社会、盗まない、盗ませない社会を形成しようとしたことは、神の国の歴史の大きな一点を形成していると受け止めてよいのです。主に感謝をしながら、その小さな営みを続けていくのです。

そしてそれは、次の世代の信仰告白を奪わせなかった営みとして、自分の子どもや孫にも、誇りうる歴史の一点に必ずなります。私たちはこの一点のために、骨を折ることを惜しんではなりません。

考えることを盗まれてはいけない

最後に、考えることを盗まれないことが大切です。「盗まない」社会形成は、言うまでもなく「盗まれない」社会をも形成しなければなりません。この時代は「考える」ことを奪いに来ます。しかし、思考停止にさせられやすい出来事こそ、最も考え抜かないといけない事柄であるはずです。

天皇制はこの国で思考停止に陥りやすい大きなテーマです。しかしよくよく考えてみるならば、ここでも天皇家族の人権を盗んでいる事態が起こっています。天皇家をコントロールし、天皇家の人生や出産を思い通りに支配しようとする存在がいます。

教会とは、こういうことを考える場所なのです。何が本当の答えなのかを、考え、祈り、分かち合うのです。私たちキリスト者は、考える者でありたいと思います。そして考え続けてきた人から謙虚に学び、考え続けることを続けていきたいと思います。事柄はいつも複雑ですし、本質は隠されます。

しかしキリスト者になった今、この国の、この時代に生きる使命を、誰かに誘拐され、支配されることがないようにしなければなりません。そして考え続けてきたことを、小さくとも態度表明しようと思います。私たちキリスト者が一番してはならないのは、態度を決めることを放棄し、告白を放棄することです。それは無駄骨ではない骨を折ることへつながります。そういう人生を、第八戒と共に終末に向かってあきらめずにしていきたいと願うのです。

意見交換のために

1 あなたが今所有しているもので一番大切なものは何ですか。逆に不要なのに持ち続けているものは何ですか。

2 第八戒の章を読んで、考えたことや新しい気づきがあったことについて自由に話し合ってください。

3 盗まない、盗まれない社会にするために必要なことは何ですか。

4 あなたが誰かのために自らの手で助け、与えることのできる人は誰ですか。あるいは場所や状況にどんなものがあるでしょうか。

第九戒　真実を語り合う世界の形成を目指して

「あなたの隣人について、偽りの証言をしてはならない」。（出エジプト20・16）

十戒の第九戒は、「隣人について、偽りの証言をしてはならない」です。人はなぜ嘘をつくのでしょうか。

第九戒が与えられたときに直接的に意味したことは、裁判における偽証の禁止です。当時は裁判が今日よりも日常的に行われ、何かいざこざがあると人の集まる場所でさばきつかさ（士師）を呼んで裁判が行われました。モーセのもとには大量の問題が持ち込まれたので、出エジプト記18章ではモーセは姑イテロの助言に従って民の中にさばきつかさを立てました。

これは新約の時代にも見られ、ヨハネの福音書8章の姦淫を犯した女の裁判においても、イエス・キリストには律法の教師としての判断が求められました。しかし、ここでは律法学者たちがイエス・キリストを陥れようとした思惑があったように、このような裁判には権力者や金持ちの意図が働くことがよくあったのです。

列王記第一21章には、ナボテのぶどう畑を欲しいと思ったサマリヤの王アハブが、妻イゼベルの策略によって二人のよこしまな男に「ナボテは神と王を呪った」という証言をさせ、ナボテは石打ちの刑となり、アハブはナボテのぶどう畑を奪い取ったという記事が記されています。このように、裁判の証言では権力者に有利な証言がしばしば行われることがあり、それゆえこの当時の裁判の判断には、二人以上の証言を求め、複数の証言によって裁判がなされ、証言は重要な役割を果たしたのです。

もし裁判において偽証が行われれば、裁判への信頼が失われ、社会的公正さの崩壊をもたらすこととなります。さらに偽証された被害者の尊厳、将来、家族の人生が破壊されます。そのため、偽証の罪は非常に重いものとされました。第九戒の求めることは、公において正しく正義が貫かれる社会が形成され、偽りの証言によって不当に人生を翻弄されないということです。イスラエルの民は「偽りの証言をしない」という社会参加をすることを求められていたのです。

しかしここで私たちの頭に思い浮かぶことは、マタイの福音書26章59－60節の「さて、祭司長たちと最高法院全体は、イエスを死刑にするためにイエスに不利な偽証を得ようとした。多くの偽証人が出て来たが、証拠は得られなかった」と、十戒に対して最も厳格であったはずのユダヤ議会で、第九戒の戒めを真っ向から否定する裁判によってイエス・キリストの十字架刑の判決が下されたという事実です。十戒が公然と、権力者、信仰者の中で破られていたということは、私たちに何を気づかせてくれるでしょうか。

嘘をつくことよりも優先されるもの

現在も、偽証による冤罪は多発しています。冤罪事件が発覚したときに明らかになるのは、検察、警察の事実を隠そうとする姿勢です。警察権、検察権の権威が失墜しないようにするために、集団で事実を隠蔽しようとすることは、社会の秩序を保つためにも必要なことだと嘘ぶかれます。

このような集団で行われる嘘は、団体、組織、会社でも起こりえます。日本には「嘘も方便」という言葉があり、嘘も時によって物事を円滑に運ぶ便利な手段であると、公然と嘘が語られます。そして「真実を語ることよりも、守らなければならないものがある」という空気感は、ほとんどの場合、個人の尊厳や社会的公正さよりも、家、会社、社会共同体の責任者が守られることを優先させます。

さらにその結果、その共同体は嘘に嘘を重ねることとなり、嘘をつくことに慣れ、自浄作用も失われ、その団体の公正さ、きよさが奪われ、信頼も奪われていくことになります。そして嘘が明らかになったとき、本当にその責任を持っている立場にない数人がその責任を負わされます。

あの三・一一の東日本大震災においても「国民の不安を煽ってはならない」とまことしやかに放射能汚染の被害が隠され、真実が偽証されたことは記憶に新しいのではないでしょうか。その結果、偽りの証言と隠された情報によって避難が遅れ、被害を受けられた方の苦しみは今なお継続し続けています。また大手マスメディアの新聞もテレビも、莫大な広告料を支払うスポンサーの意向に沿った報道をします。「テレビが言っているのだから安心だろう」と視聴者は考えるようになります。ここにも偽りの情報がお金で買える現実があります。

政治の力によって歴史的証言がなかったものとされ、あるいは修正をされた偽りの歴史的証言によって、教育現場は被害を受けていることは明らかです。戦後、教科書で語られてきた歴史は、近年自虐史観と呼ばれ、日本の国の歴史の物語られ方は凄まじい勢いで変わっていっています。

信仰者の使命と偽預言という意味での偽証

このような時代に「隣人に対し、偽りの証言をしてはならない」という第九戒の響きを前にして、私たちキリスト者が取るべき行動とは何でしょうか。

「真理」という言葉を意味するギリシア語の「アレテイア」は、隠れなきことを意味します。「ですから、あなたがたは偽りを捨て、それぞれ隣人に対して真実を語りなさい。私たちは互いに、からだの一部分なのです」（エペソ4・25）とあるように、隠れている嘘を明らかにする使命をキリスト者は帯びています。私たちがキリストと出会い、偽りの証言をすることを止めたときに、私たちが選び取る生き方は「真実を語り合う」交わりの形成です。キリスト者は、偽りの証言が公になされようとする世界と時代に対して、神の国の歴史と世界観によって形成された真実を語る責任を帯びています。キリスト者は偽りなき神の言葉を語る者となったからです。

しかし、聖書を見ていくときに、この第九戒「偽りの証言をしてはならない」という生き方は、神の民やキリスト者にとって自明のものではないことがよくわかります。なぜなら旧新約聖書を通じて、いつの時代も偽預言者が絶えず神の民や教会の中には出てきているからです。

旧約聖書の預言者イザヤ、エレミヤ、エゼキエルらが「イスラエルは滅びる」と命がけで語った預言に対して、必ずそれに対抗するように「あなたがたに災いは来ない」と語る偽預言者が出てきました。

エゼキエル書13章1－16節には、「次のような主のことばが私にあった。『人の子よ。預言をしているイスラエルの預言者どもに対して預言せよ。自分の心のままに預言する者どもに向かって言え。……彼らはむなしい幻を見、まやかしの占いをして、『主のことば』などと言っている。……実に彼らは、平安がないのに『平安』と言って、わたしの民を惑わし、壁を築くとすぐ、それに漆喰で上塗りをしてしまう。……エルサレムについて預言し、平安がないのに平安の幻を見ていたイスラエルの預言者どもよ』とあります。偽預言者は、自分の心のままに「主のことば」と語ります。そんな彼らの姿を「彼らは、平安がないのに『平安』と言って、わたしの民を惑わし」ていると主は怒られるのです。

第九戒は、教会が真理に従って説教をしなくなることへの警告でもあります。第九戒の「偽りの証言の禁止」は、社会的悪への関与だけではなく、社会的悪が行われている中で教会が沈黙したり、聖書が語っているにもかかわらず、「災いは来ない」と言ったりする教会の姿もまた違反としているのです。

キリスト教会には、しばしば愛に見せかけた欺瞞に基づき、偽りが正当化されることが起こりえます。それは傍から見ると、心配りと言葉遣いにも配慮が行き届いているキリスト者の親切な姿に見ることもできるでしょう。それはときに「牧会的配慮」という言葉でも呼ばれ、教会の犯す罪の隠ぺいや牧師の不祥事の隠ぺいが起こることもあるのです。それは信徒を必要以上に信仰的に悩ませたくないと考えた上であったとしても、やはり神の正義の前からすると、偽りの証言をしているのではないかという吟味が必要な事例もあると言わざるをえません。

ルターは「誰の感情も害したくないところから、恩恵、金銭、好意、友情にしたがって、へつらいを弁じ、その結果、貧しい者は事件の真相を押し曲げられて、不正とされ、罰せられずにはすまないこととなる」と言いました。ルターは「偽りの愛」という嘘に誘惑される人間の弱さを語ります。アメリカの神学者S・ハワーワスとW・H・ウィリモンも、「上品であることも、私たちを真理から遠ざける工夫となってしまう場合がある」と指摘しました。そして「私たちは、真実であるよりも、礼儀正しさの方を選ぶこともある」とキリスト者の陥りやすい行動を鋭く非難しています（S・ハワーワス／W・ウィリモン『神の真理』169頁）。

時に真剣に真実を叫ぼうとする声が強い語調であったり、礼儀正しくない表現があると、それだけで耳を傾けることもしない傾向がキリスト者の中にあることへの警告です。聖書に立ち続け真実に証言しようとしても、「人としてその態度はどうか」と聖書とは違う根拠から非難されることは、ことさらに和を重んじる日本人の中に、偽預言者的体質を帯びやすい傾向を見出すことができるのではないでしょうか。

もちろん人格を損なうような表現、主張を承認しているわけではありません。確かにかつての労働争議やデモ、市民運動の中に認めることのできない暴力的な行為があったことは否めません。しかし、上品に論じることができないほどの何かが起こっている真剣さの向こう側で実際に起きていることを想像する力もまた、キリスト者に必要なことです。

偽証されてもいけない

また第九戒「偽証をしてはならない」という戒めは、当然のごとく「偽証されてもいけない」ということを私たちに語りかけています。ときに「騙すよりも騙されるほうがまし」という言葉は、正しいようにも思えます。

しかし、キリスト者が見極めるべき事柄をきちんと見極めず、時代の情報に騙され、公正な判断ができなくなってしまうならば、その被害を受けるのは次の世代の人たちです。私たちは次世代のキリスト者に、この時代が下した判断の理由を説明できるようにしておかなければなりません。もし私たちが無批判に誤った情報を手に入れ、それをネット上で拡散し、やがてそれが間違った情報であるということを知ったときに、「自分もまた騙されたんですよね」と被害者感情に逃げ込んでしまうようなことはすべきではありません。

ＳＮＳをはじめとしたさまざまなツールは、私たちがつながることを簡単にしましたし、情報の発信力としてマスメディアに頼ることなく、個人が公の場所で発信をする機会を増やしました。しかし、私たちはこの時代において、偽りの証言が撒き散らされたインターネット空間の情報の荒波を鵜呑みにしてはいけません。ましてやその情報の拡散に手を貸してしまってもならないのです。第九戒「偽りの証言の禁止」は、「私も騙されたんですよね」と偽証されたと言い逃れることをも禁じているのです。

さらに第九戒は、キリスト者が沈黙し続けることで生み出されてしまう被害があるならば、その沈黙もまた偽証だと指摘します。第九戒はあなたが偽証されないよう、またあなたがキリスト教的世界観、聖書的歴史観に裏付けられた洞察力を形成しなさいと促してきます。

偽りの証言が飛び交う世界に対して、私たちキリスト者の取るべき姿勢は、何が真理かを見極める知恵、洞察力を聖書と神学から学び続ける姿勢です。私たちキリスト者は、単純化された論理の向こう側にあるものの意図を見抜く力を養うために学び続け、きちんと多角的に見る視点を養っていく必要があるのです。

悪口、陰口の禁止

さらに『ハイデルベルク信仰問答』の第九戒の解説にこうあります。「問112　第九戒では、何が求められていますか。答　わたしが誰に対しても偽りの証言をせず、誰の言葉をも曲げず、陰口や中傷をする者にならず、誰かを調べもせずに軽率に断罪するようなことに手を貸さないこと。かえって、あらゆる嘘やごまかしを、悪魔の業そのものとして神の激しい御怒りのゆえに遠ざけ、裁判やその他のあらゆる取引においては真理を愛し、正直に語りまた告白すること。さらにまた、わたしの隣人の栄誉と威信とをわたしの力の限り守り促進する、ということです」（傍点筆者）。

ここで記されるように、第九戒が光を当てているのは裁判や公の場での偽証の禁止だけではなく、個人的な陰口や中傷、噂を流すことも禁止しています。

さらに、『ジュネーヴ教会信仰問答』の言葉にはこうあります。「問210　なぜ特に、公の偽証についていわれているのですか。答　それは、みだりに隣人を誹謗したり、中傷したりすることになれた人は誰でも、やがて裁判で偽証するようになりやすいことを示して、われわれに、悪口をいったりけなしたりする悪徳を、もっと強くおそれさせるためなのであります」（傍点筆者）。

これは人間の現実をついた真理でしょう。つまり、日々嘘をついていると、大切な証言の際にも、裁判で嘘をつく体質に慣れてしまうのだと語るのです。いざ証言をするというときには、日常をどのように生きているかが現れます。第九戒は社会的な倫理性を形成するためには、個人的な倫理的生活が整えられていることが大切であって、個人の倫理性がなければ、社会的な倫理判断にも立ち向かうことができないということを指し示しています。

ルターは「誰でも隣人の良いうわさより悪いうわさを聞きたがるのは悪い病気である」と言いましたし、カルヴァンは「隣りの家の蔵が崩れる音ぐらい気持ちのいい音はない」「他人のあらを探したり、これを暴露するという毒のある楽しみにふけるというように全世界を挙げて傾いている」とも言いました。これもまた真理です。

悪口、陰口ということは、それだけを見れば「嘘はついていない」ということになるかもしれません。また、そこには確かに悪く言われるだけの事実があったかもしれません。しかし本人のいるところでは言わずに、本人のいないところで言うのは、本人の弁明を認めない証言となります。

さらに、悪口、陰口が話されている人間関係の場所に身を置くと、「自分がいない時には、ここで自分についてどんなことを言われているのだろうか」という疑心暗鬼を生み出します。悪口、陰口は、正直で真実な交わりの形成を阻む力となります。古代の教父が「舌は剣よりももっと大きく人を傷つける」と言ったように、言葉の持つ残酷さは、剣で血を流すことよりも、心の深い傷と血を流させることとなります。

教会を建て上げる言葉

では、偽りの証言ではなく、私たちが口にすべき言葉とは、いったいどのような言葉なのでしょうか。パウロは「悪いことばを、いっさい口から出してはいけません。むしろ、必要なときに、人の成長に役立つことばを語り、聞く人に恵みを与えなさい」（エペソ４・29）と語りました。

この「役立つことば」という表現は、神に対して用いられるときは「賛美する言葉」という意味で訳されますし、人に対して用いるときは「祝福する言葉」として訳されています。つまり、偽りの証言などの「悪いことば」を口にするのを止めた後、私たちが口にすべきなのは、神をほめたたえる頌栄の賛美であり、教会の中で互いに祝福を語り合う言葉です。つまり、礼拝の中で語られている福音の言葉で語り合い、慰めと励ましに満ちた言葉をもって生きることなのです。

また「成長」という表現は、家を建てるときの言葉で、教会を建て上げるときの表現として用いられます。つまり、私たちが口にすべきなのは、悪口、陰口ではなく、交わりを建て上げる言葉を語りなさいということです。

私たちが日々教会で交わりを建て上げる言葉を語ることを養われていくのであれば、悪口や陰口に慣れて、偽りの証言をすることとは逆のことが起こります。教会を建て上げる言葉を身に着けていった人は、その人の生きている社会と世界、家族に対して恵みをもたらすようになります。

ほめ合う言葉

では、教会を建て上げる言葉とは何でしょうか。『ジュネーヴ教会信仰問答』の第九戒の解説にこうあります。「問212　では、神のいわんとされるところは、要するに何か、をいってごらんなさい。答　神はわれわれに、悪く判定したり、けなしたりする傾向に陥ることがないように、むしろ事実が許す限り、隣人がよく思うように、またわれわれの言葉をもって彼らの名声を保つべきことをお教えになるのであります」（傍点筆者）。つまり「事実が許す限り、隣人がよく思う」言葉を語り合いなさいと言っているのです。

「互いに愛し合い、互いに相手をすぐれた者として尊敬し合いなさい」（ローマ12・10）という聖書の言葉は、ノルウェー語の聖書を日本語に直訳すると「互いにほめ合うことを競争しなさい」となると聞いたことがあります。

ときに私たちの周辺では、「ほめるとつけ上がる」と言われるのを聞くことがあります。しかし事実がそうでないのに言うのは「ほめている」のではなく「おだてる」ということです。確かに事実がそうではないのに、おだてることは間違いでしょう。

しかし、私たちが相手にきちんと言葉で感謝をし、その人の労が報われ、労われ、ほめられることは必要なことです。なぜならば私たちの信じている神は、「よくやった。良い忠実な僕だ」

と私たちのわずかな奉仕であっても、ねぎらい、励まし、ほめてくださる神だからです。

どんなことであっても、やって当たり前などということは何一つありません。なされた親切や優しさ、働いた労働や懸命な努力は労われ、感謝の言葉をかけられるべきです。するとそのようにほめられ、労われた場所で育った子どもは、自分を偽って大きく見せたりする必要がない安心した交わりの中で、安定した人格として成長していく機会が与えられます。それは大人になっても同じことです。

偽証しない交わりを形成するために私たちに必要なことは、疑心暗鬼や不安を生み出す悪口と陰口を捨て、安心して過ごすことのできるほめ合う関係を築き上げることだと第九戒は語ります。そこには自由なる伸びやかな空間が生まれます。私たちの夫婦、家族、職場、友人関係がそのような言葉に満ちていくならば、第九戒の願う自由に満ちた社会の形成がなされていくのです。

隣人への愛

それでは「自分は正直に生きている！」「自分は嘘をついていません！」と言い張る人は、第九戒の違反をしていないのでしょうか。そこに確かにある利己的な姿に、本人が気がついていない自己欺瞞ほど質が悪いものはありません。第九戒には「隣人について」という言葉があることを、私たちは忘れてはいけません。第九戒は、「自分が正直であることへの自己満足」を目的とはしていません。第九戒は自分の正しさを言い張るための道具ではなく、「隣人について」の自らのあり方を問うているのです。

ボンヘッファーが「真実を語るとは何を意味するか」という項で、こういうたとえ話をしました。「一人の児童が級友の前で先生から、『君のお父さんは、酔っぱらってうちに帰って来ることが多いというのは本当かね』とたずねられたとする。それは本当のことである。しかしその児童はそのことを否認する。……われわれは実際にそれでもなお、この児童の答えは偽りであると言うことができる。それにもかかわらず、この偽りの方がより多く真実を含んでいる。すなわち、その答えは、この児童が級友の面前で自分の父親の欠点を暴露したと仮定した時よりも、より現実にふさわしいことである。彼の知識の基準に従って、この児童は正しくふるまったのである。偽りの罪は、ただ教師の上に帰って来るのである」（D・ボンヘッファー『現代キリスト教倫理』421－422頁）。

この子どもはまだ幼いので「先生の質問は間違っています」とか「そんなことは、みんなの前で言うべきことではありません」とは反論できません。だから単純に「ぼくのお父さんはそんな人間ではありません」と嘘をついたのです。しかしその嘘は「確かに、ぼくのお父さんはいつも酔っぱらって帰って来ます」という事実に即した言葉よりも、愛に満ちた真実が含まれています。

ボンヘッファーは「もし私の語る言葉が真実に忠実であろうとすれば、私の言葉は、それが誰に語るか、誰から問われているか、何について語るかに応じて違って来る。真実に忠実な言葉は、それ自身一定不変のものではなく、生活そのものと同様に生きているものである」（前掲書、419頁）と言います。

ヤン・ミリチ・ロッホマンは「真理は、つねに、いつでも具体的な状況において、当惑している隣人の事情を考えて探求され、証言されるものである。真理――それは任意のものではなく、好都合なものでもないことを、よく理解してほしい。真理、それは第九の戒めの中にあり、キリストの光の中にある。すなわち、愛へと向かう方向づけの中にあり、それは隣人の事情を考慮することを意味する」（J・M・ロッホマン『自由の道しるべ』194頁）と語ったことは、深く私たちが肝に命じておかなければならないことです。

第九戒は、隣人に起こっている事柄や事情を無視し、原理原則論で裁き、訴えることもまた許してはいません。牧師の守秘義務は、いくら教会員に「先生、本当のことを言ってください」と突きつけられても選び取らなければならないものです。むしろ自分が非難を受け、個人の名誉を失っても、孤独に秘密を守らなければならないこともあるのです。これは先にあげた隠ぺいや自己弁護の言い訳とは全く違うものですし、隣人への愛の光の中にあるものです。

第九戒は「隣人について」という枠が愛となって、隣人の苦痛を共に背負う交わりの形成へと向かわせます。隣人の事情を深く配慮し、知恵のある決断がなされるように導くために努力し、その人が最後的な罪の中に陥ることのないように徹底的に守られる判断をするようにと導いてくれます。

真理の証言は、ときに言葉の表現が尖りすぎる傾向があります。いくら主張が正しくとも、その語り方が聞く人にとって受け取りにくいものであれば、第九戒の願う社会とはなりません。真理を語ることをひるむことなく、しかし愛をもって、届く言葉を模索し続けなければなりません。第九戒はキリストに似せられる人格的な成熟へ私たちを養育してくれるのです。

キリストの受肉の恵みの中を生きる

さて最後に、「なぜ人は嘘をつくのだろうか」という問いに戻りたいと思います。なぜなら、いくら祝福の言葉を語り合おうとも、偽証を許さない社会形成に努めようとしたとしても、依然として目の前にいる自分自身の本当の姿は、「嘘をついてしまう弱さ」を抱えたままだからです。この「嘘をつく自分の弱さ」については、未だここで解決を見ていません。

先日、私は自分がしたある出来事について気づいて、「どうしたらごまかせるか」と考え込んだことがありました。そしてもっともらしい嘘をつこうと考え始めた自分がいることに気がつき、ハッとしたのです。なぜそのようにしたのかと考えると、結局のところ今まで築き上げてきた信頼、人間関係、評価を失うことへの恐怖があったのです。その人たちの前で恥をかきたくないという思いが嘘をつこうという思いになりました。人が嘘をつくとき、そこには嘘をついてでも失いたくないものがあります。

十字架の直前、使徒ペテロが「わたしは誓って知らない」と嘘をつきました。ペテロは殴られ、罵られ、惨めな姿でいるキリストを信仰の対象とし、あの仲間だと思われることを恥じたのでしょう。自信に満ちた自分が同じく蔑まれることを恥じたのでしょう。

しかしペテロがやがてキリストの十字架の愛と、復活の赦しとに出合ったとき、自分の「嘘をつく弱さ」を知りながら弟子として選んでくださっていた計画に圧倒されることとなります。そしてこの後、ペテロの偽りの物語は、ペテロのキリストを証言するための証しの物語として大胆に用いられることになるのです。

キリストの十字架こそ、嘘をつき、隠しながら生きる苦しみから解放してくれます。キリストの十字架の圧倒的な愛と赦しの前に立つとき、嘘をついてまで失いたくないと握りしめていたものが、それほど大したものではないことに気づかされるのです。そしてキリストの十字架の苦しみ、人から受けられた恥を思うとき、私たちは人の前で一時の恥をかくことをも恐れなくなります。

なぜならキリストの十字架は、もし自分の嘘が明らかになったとしても、その嘘をついた自分をも赦し、弱さを知っていて選んでくれた神の愛と、真実を語り合う新たな人生を約束してくれるからです。むしろその隠したくなる恥ずべき人生は、神の栄光を現すことのできる証しへと変えられていきます。キリスト者にとって、恥ずかしい過去の自分は、神の栄光を現す証しの基へと変えられていくのです。

第九戒を違反して、嘘に嘘を重ねる奴隷のような生き方は、私たちから自由を奪っていきます。もし私たちが恥をかきたくなくて嘘をつくのであれば、キリストの愛と赦しに満ち足りることへと向かわなければなりません。そしてこのキリストの十字架の愛に満ち足りるときにこそ、私たちは勇気と自由を得て、「真理の証人」として本当の意味で変えられていくのです。

キリストの証言者としての生き方

最後に第九戒は、私たちを福音宣教へと派遣します。

真理を語るというこの第九戒の戒めによって、キリスト者は自分自身に起こった恵みの出来事を、嘘、偽りなく、この世界に向かってキリストを証言する者となるからです。その意味で、キリスト者が「福音を恥とする」ということは、神の愛に覆われたものであるにもかかわらず、「偽りの証言をしていること」、「沈黙していること」と同じことです。第九戒は、キリスト証言をする福音宣教に立ち上がることへの献身を求めています。

真理を語ることが難しい世界で、十戒の記す自由の道しるべに従って導かれていくために、私たちがなすべきことは、世界にキリストを証しし、真理を語り合う交わりを少しずつ広げていくことなのです。

意見交換のために

1　人が嘘や偽りの証言をしたくなる状況やケースには、どんなものがあるでしょうか。自由に話し合ってください。

2　第九戒の章を読んで、考えたことや新しい気づきがあったことについて自由に話し合ってください。

3　あなたが聞いたことのある「建て上げる言葉」にはどんなものがありましたか。その言葉を聞いて、あなたはどう感じましたか。

4　イエス・キリストを証言していくために、あなたに必要な助けは何ですか。

第十戒　私たちの欲望をどう取り扱うのか

「あなたの隣人の家を欲してはならない。隣人の妻、男奴隷、女奴隷、牛、ろば、すべてあなたの隣人のものを欲してはならない」。（出エジプト20・17）

戒めの内面性への深まり

第十戒の「欲してはならない」は、「欲しがる」という心の中の感情を取り上げています。

私たちは十戒を学び始めるときに、日本のキリスト教信仰は内面や魂の領域に特化しやすいという課題について考えました。特に信仰が社会性を帯びない「心」の問題にわい小化してしまいがちな傾向についてです。また、十戒が単なる個人倫理、個人道徳としてのみ理解されてしまうことの危惧がありました。そしてこれまで、十戒が世界に向かって放つ自由への生き方を、どの戒めを通じても見てきたのです。

もちろん心の問題は絶えず肉体の問題と関わっており、行動とも世界とも関わっています。内面の問題は外面のこととつながっていますし、個人のことは共同体のことと関わっているのです。しかしこの第十戒は、明らかに「欲しがる」という心の問題の深みへと踏み込んでいこうとしています。

十戒の講解説教においてリュティは、第十の戒めについてこのように説明します。「これまで述べてきた十戒の考察を通して、あたかも神が日曜日ごとに私たちの手を取り、『人間』という家の中を隈なく導いてくださったかのようです。一階から九階に至るまで、神は私たちと共に歩みを進めてくださり、至るところで扉を開き、窓を開け、クモの巣やかびを取り除き、『太陽よ、日の光よ、入って来なさい』と語られました。しかし、この最後の戒めによって、今や神は、別の階があること、言うなれば地下があることを私たちに思い起こさせてくださるのです。すなわち『人間』という家には、最後にもう一つ地下室もあるのです。神がここで『あなたは欲してはならない』と語られるがゆえに、しばらくの間、地下室、すなわち心の地下室に降りて行くことが必要になります」(W・リュティ『十戒』263頁)。

非常に深い洞察です。私たちはまさにこの心の地下室を取り扱わないままで、十戒の学びを終えるわけにはいきません。第十戒は、私たちは心の奥深くに隠している地下室に潜んでいるものを明らかにしようとします。まさにそこにキリストのもたらす自由の風が心の中に吹き込み、福音の光が届くことによって、私たちの自由なる生き方が全領域、全世界の隅々にまで行き渡ることとなるのだからです。

カルヴァンは、第十戒は私たちの欲望の混乱した性格を暴露していると言います。「私たちは『盗んではならない、殺してはならない、姦淫してはならない』と読んだとしても、互いに自分はそのようなことを犯していない無垢な存在だと考えるだけだ。しかし『むさぼってはならない』という命令に出会う時、神を鋭い両刃の剣とを持つ者とし、私たちの心の底だけではなく、私たちの思いと想像力に響くものとする。私たちの内側にあるすべてのものが顕にされ、自覚される」と語ります（S・M・ハワーワス／W・H・ウィリモン『神の真理』232－233頁）。

第十戒は、私たちの汚れを映し出す鏡であり、内側にある汚れに気が付かせてくれるものなのです。

消費社会の中で買い物は世界を救うのか

しかし同時に、「なぜ欲しがることがいけないのか？」という違和感もあるかと思います。第十戒は、他の戒めとは違い、欲しがるだけでは、まだ具体的に誰の迷惑もかけていないからです。一方で、「欲しがること」は、人間の経済運動の活力の一つでもあります。「買い物が世界を救う」というクレジットカード会社のキャッチコピーは、何かを買うことによって、他の誰かが助かり、生かされる社会が形成されると謳います。私たちの消費意欲がかき立てられ、消費によって経済効果が生み出され、「欲しがることは、むしろ奨励されるべきものだ」という、この国が選んだ資本主義社会の一つの側面がここにはあるからです。そして私たちの目の前には、次から次へと新商品が現れます。そしてそれを手にしたらどれだけ私たちの生活が便利になるのか、快適になるのかというメッセージが語られています。

しかし、それらの多くは、自分に本当に必要なものが何かということを考える前に、手に入れる方法について提案をしてきます。そしてそれらのほとんどは、手にした瞬間に古びたものへと変わっていってしまいます。そしていつも新しい何かを欲しがるようにと、私たちを誘ってくるのです。私たちはいつも何かを求め、何かを欲し、何かを得なければ人生が不幸になるのではないかという怯えを持っているのだと思います。

第十戒「欲してはならない」は、そんな私たちの現状に、「あなたは本当に何が欲しいのですか」と問いかけてきます。「あなたが本当に欲しがるべきものは、他にあるのではないですか」とも問いかけてくるのです。そして、私たちが普段人前に見せることのない、自分の中にある欲望の正体と向き合い、欲望の根底にある「魂の渇き」に気づかせてくれる戒めなのです。

欲しがるということ

第十戒の「欲してはならない」という言葉は、「ハーマド」というヘブル語が使用されています。これは「貪る」「貪欲」という意味を持ち、ただ単に欲しいという感情だけではなく、陰謀を伴う欲望を指す言葉です。つまり内面の「欲しい」という感情によって湧き起こってくる「奪いたい」「自分の物にしたい」と考える強い感情を指す言葉です。隣りの家を奪いたい、隣りの家の妻を手に入れたい、財産を奪いたいと画策する思いのことです。

しかし、最初に確認しておかなければならないことは、欲求それ自体が罪なのではないということです。食欲も睡眠欲も性欲もまた、人が生きていくために神様が創造された「非常に良い」欲求です。食欲、睡眠欲を失うことになれば、健康を失い病気になってしまいます。その意味では私たち人間は、神が造られたようにふさわしく欲求しないといけない存在なのです。

第十戒は、「欲しい」という感情をコントロールできない人間の堕落の現実について取り扱っています。罪に堕落してしまった「欲しい」という欲望は、次々と妄想を生み出し、策を練り、欲しい気持ちに没頭する生活を生み出すことになります。旧約聖書のダビデ王が、ウリヤの妻バテシェバを自分のものにしたいと思い、忠実な部下ウリヤを意図的に戦死させるように仕向けた物語は、「陰謀を伴った欲望」の凄まじい物語であると言えるでしょう。

この堕落した欲望は、エデンの園で「神のようになれるよ」という誘惑から始まりました。人間の深い本質にある陰謀を伴う「欲しがる」感情の基にあるのは、「神のようになりたい」という感情と言えるでしょう。そして神のように思いのままにふるまいたい、世界を、人を、思いのままに支配したいという思いは絶えず人間の心の中に出発点を持っています。

「貪欲に気をつけなさい」

ルカの福音書12章13－21節には、イエス・キリストに財産の調停を求める一人の人が出てきます。ここでイエス・キリストは、彼だけではなくそこにいるすべての人に顔を向けて、「どんな貪欲にも気をつけ、警戒しなさい」と語られました。イエスは気をつけ、警戒すべき問題は、財産それ自体にあるのではなく、人間の心の中にある貪欲であると警告されたのです。心の中にある貪欲こそが、問題の根幹にあることを見抜いておられたのです。

ここで「気をつけ、警戒しなさい」と言われたのは、私たちは注意し、警戒するべきことだと自覚していないと、自分が貪欲に陥っていることがわからなくなってしまうからです。なぜなら人によって貪欲の傾向が現れる場所は違うからです。

「自分には貪欲さがあまりない」と思っていても、貪欲さがお金に現れる人もいるでしょうし、人から受ける称賛に現れる場合もあります。あるいは車、家、服などの所有への欲が現れる人や、学歴・キャリアに貪欲が現れる人もあります。また、人から羨ましがられるステータス、結婚、交際相手がいることに貪欲が現れる人もいます。組織や人をコントロールすることのできる権力に貪欲が現れる人もいますし、自分を愛してほしいと願う感情が貪欲になる人もいます。

ときには本当は欲しいと思っていなくとも「誰かが持っているなら、自分も持っていないと恥ずかしい」と、欲しがる気持ちを抑えられない場合もあるでしょう。

あなたは自分の陥りやすい貪欲の傾向を自覚しているでしょうか。そして絶えず注意し、関心を払っているでしょうか。私たちの心の地下室には、自分特有の貪欲の傾向があります。

「愚か者、おまえのたましいは、今夜おまえから取り去られる」

では、「欲しがる」思いがもたらす生き方の行先は、どのようなものなのでしょうか。

続くルカの福音書12章で、イエス・キリストは次のたとえを話されました。「ある金持ちの畑が豊作であった。彼は心の中で考えた。『どうしよう。私の作物をしまっておく場所がない』。そして言った。『こうしよう。私の倉を取り壊して、もっと大きいのを建て、私の穀物や財産をすべてそこにしまっておこう。そして、自分のたましいにこう言おう。「わがたましいよ。これから先何年分もいっぱい物がためられた。さあ休め。食べて、飲んで、楽しめ」』。しかし、神は彼に言われた。『愚か者、おまえのたましいは、今夜おまえから取り去られる。おまえが用意した物は、いったいだれのものになるのか』。自分のために蓄えても、神に対して富まない者はこのとおりです」（16–21節）。

この箇所は、非常に文学的な表現を持っている箇所で、「私」という言葉が繰り返し出てきます。また「休め。食べて、飲んで、楽しめ」には、接続詞が全くなく、自分の人生を酔っているような、たたみかけるような表現なのです。貪欲とは「私の財産」「私の蔵」と、「私」をめぐる生き方です。

本当に必要なもので

しかし、「私の人生だ」「私の財産だ」とすべて「私」を中心に考え、自分の人生を握りしめ、「さあ休め。食べて、飲んで、楽しめ」としている人生も、「愚か者。おまえのたましいは、今夜おまえから取り去られる」と神が語られると、私たちが欲しがったものをすべて失ってしまうというのは、人生の厳粛な事実です。

このイエス・キリストのたとえ話は、人生の最後の日を強く意識させられます。あなたがいろいろな妄想をし、戦略を練り、手に入れようと画策して欲しがったものは、果たしてあなたが死んでもなお、永遠に残るものなのかと問いかけてくるのです。

第十戒は、人生を終わりから見つめるようにしてくれます。「それはあなたの人生において本当に欲しがるべきものなのですか」「それを得るために、あなたはそれだけの時間をかけるべきものなのですか」。

終わりの日から人生を問うとき、私たちは人生を足し算ではなく、引き算で考えるようになっていきます。私たちは「あれがあれば幸せ」「これがあれば幸せ」と足し算で人生を考えやすいものです。その足りない何かを求めるために、姦淫を犯し、盗みをし、人を殺し、嘘をついてしまうのです。しかし終わりの日から人生を問い直すとき、「あれがなくても幸せ」「これがなくても幸せ」と人生を引き算で考えることになるのです。

そのときに、私たちが「どうしてもあれがなければならない」と思い込んでいたものが、実は最後的な観点からすると、取るに足りないものだったのではないかという冷静さが与えられるようになります。

神の愛に満ち足りる

では、第十戒は、「欲しがる」思いから解放させ、どのような場所へと連れて行こうとしているのでしょうか。

第十戒の「欲しがる」を意味する「ハーマド」は、詩篇19篇9－10節でも使われています。「主からの恐れはきよく／とこしえまでも変わらない。主のさばきはまことであり／ことごとく正しい。それらは　金よりも　多くの純金よりも慕わしく／蜜よりも　蜜蜂の巣の滴りよりも甘い」。この「慕わしい」という言葉が、「ハーマド」です。つまり、私たちが本当に欲しがるべきものは、「主への恐れ」「主のさばき」なのです。

同じく十戒が記される申命記で、「欲してはならない」に「ヒースアーッワ」という動詞も用いられています。この言葉はイザヤ書26章9節では「神を慕う」と表現されています。つまりあなたが本当の意味で欲しがるべきものは、神ご自身との交わりなのだと第十の戒めは語っているのです。

詩篇の作者が「私はいつまでも　主の家に住まいます」(23・6)と願ったように、神との交わりに生きることこそ、私たちが徹底的に「欲しがるべき」ものなのです。それは私たちがこの神の愛に満ち足りて生きることです。

私たちが余計なものを欲しがってしまう根源的な理由は、私たちの魂が神の前で満たされることに渇きを覚えているためです。

ヨハネの福音書で、夫ではない男性と生きることを止められない女性が出てきます。彼女は男性にその渇きの癒しを求めていました。しかし、キリストの「わたしが与える水を飲む人は、いつまでも決して渇くことがありません」(4・14)という言葉に出合った彼女の人生には、新しい命の泉が湧き出てきました。このときに、彼女の魂の渇きは止まったのです。

聖餐という場所こそ

では、本当に欲しがるべきものを手に入れることができる場所は、この世界のいったいどこにあるのでしょうか。

それは礼拝における聖餐です。キリストは「わたしがいのちのパンです。わたしのもとに来る者は決して飢えることがなく、わたしを信じる者はどんなときにも、決して渇くことがありません」（ヨハネ6・35）と言われました。その意味で、私たちが本当の意味で欲するべきものは、あの聖餐の場所にあるパンとぶどう酒なのです。私たちの人生には、本来これさえあればすべてが満たされるのです。

聖餐は私たちの舌でキリストを味わい、その鼻でキリストの香りを嗅ぎます。パンを欲しがることも、ぶどう酒を求めることも、イエス・キリストを求める祈りの入り口に備えられています。食べることでキリストの言葉を思い起こし、飲むことで十字架の血潮を思うこととなるのです。私たちは禁欲主義者ではありません。私たちは私たちに与えられたものを喜んでいいのです。感謝してそれを味わってよいし、それを楽しんでよいのです。

聖餐で口にするパンをイエス・キリストご自身であることを本気で信じ、天におられるキリストと自分が一つにさせられている神秘の中にいることができるなら、本当に必要なものを欲して生きる生き方の軸がぶれることはありません。聖餐こそ、私たちが欲すべき確かな神の臨在の中にいることを約束しているのです。

私たちはキリストにお会いしたときから、自分が神のようにならなくてよい人生が始まりました。なぜなら、神ご自身が人となってくださったことで、神が私たちのすべての必要を知っていてくださることの安心を得ることができたからです。むしろ自分自身の思いのままにふるまう生き方の危うさを嫌というほど知った今、イエス・キリストをこそ求めて生きることに、何よりの平安と豊かさがあることを知っているのです。

聖餐において私たちはキリストを食し、洗礼において新しくされたキリストの衣を着ます。礼拝の説教において、言葉となられたキリストとお会いします。ここにすべての「欲すべきもの」が詰まっているのです。「私の人生には、その他の何もいらない」とすら言い得ることのできるものが、すでに私たちの前に週ごとに用意されているのです。

私たちは知っています。私たちの人生のすべては、神の子が十字架にかかるほどまでに価値あるものだと認めてくださった人生だということを。そのような人生であることを深く知ったならば、私たちは自分の人生の時間を、無駄なものを欲しがるために浪費してはなりません。キリストが私の人生を欲しがってくださったからこそ、自分は今、ここに生かされているのです。重ねて言いますが、私たちはこの人生を無駄なもので満たす必要はありません。キリストによって、この人生を無駄にしてはならないほどの価値ある人生とされたからです。

本当に欲しがるべきもの

礼拝で祈る祈りも、私たちの本来欲するべきものを自覚させてくれます。主の祈りが求めるように促すものは「日ごとのパン」です。「日ごとの」とは「その日に間に合うように」「その日に十分な」という意味です。荒野でマナが与えられたとき、ヘブル人たちはそれぞれの一日に必要な分だけを集めることが許されました。

四世紀のニュッサのグレゴリオスは、「私たちは自分に必要なものをあれこれ考えるのに、主の祈りにおいて求めることを許されている唯一のものは、パンという実に基本的なものでしかない」と驚きをもって記しました（W・H・ウィリモン／S・ハワーワス『主の祈り』149頁）。

私たちは祈りの中で、隣りの家や隣りの妻や、家畜の群れでもなく、高名な肩書きでも権力や能力を求めるのでもなく、今までの欲望から解放され、神様の与えてくださるパンを喜んで生きることができるようになります。第十戒はこの物質が溢れ返った消費文化のただ中で「もう、これで十分です」という祈りを与えてくれるのです。

さらに第十戒によって、神の愛に満足するとき、私たちは満ち足りることから一歩踏み出して、分け与えることへと進むことができるように変えられます。「あなたは隣人の家を欲してはならない」というこの戒めは、隣人との間に愛と喜びを分かち合う交わりを生み出すことへと足を踏み出させてくれるのです。

神の国を求めて

そしてルカの福音書のイエス・キリストの言葉は、この言葉へと辿り着いていきます。「むしろ、あなたがたは御国を求めなさい。そうすれば、これらのものはそれに加えて与えられます。小さな群れよ、恐れることはありません。あなたがたの父は、喜んであなたがたに御国を与えてくださるのです。自分の財産を売って施しをしなさい。自分のために、天に、すり切れない財布を作り、尽きることのない宝を積みなさい。天では盗人が近寄ることも、虫が食い荒らすこともありません。あなたがたの宝のあるところ、そこにあなたがたの心もあるのです」（12・31－34）。

キリストは、「野の百合を見なさい」「空の鳥を見なさい」と語られ、私たちの目を上にあげようとされます。また、下に向けさせようとされます。この世界には、神様が与え、神様が備え、神様に導かれながら生きる生き方がこんなにもあるのではないかと、私たちに気づかせてくれるのです。

第十戒が指摘する私たちの心の奥深いところにあるものの一つは、妬みの感情でしょう。私たちは隣りの家、隣りの美しい妻、隣りの健康な男奴隷、隣りに住む人の財産を見ると、「うらやましい」という感情にとらえられ、自分と比較して惨めな思いになることが起こります。

しかし、神の国を求め、神のもので満ち足りるという生き方が、私たちの暗い心の地下室でも始まりました。うらやましいと思い、自分と比べてしまう誰かの才能もまた、神の国に役立つものとして神様が造られたものだと受け止める心へと変えられたのです。神の国の完成に必要なものを誰かに与えられた神は、神の国の建設に私に必要ではないと思われるものを、お与えにはならないのです。むしろ、互いの足りないところを補い合って、私たちは神の国を建て上げていくのです。この神の国に生きる住民となった私たちキリスト者は、この嫉妬の感情からも解放されていきます。

キリスト者は、「私の家も、私の魂も」自分のものだと言うことをしません。「イエス・キリスト、あなたのものです。神様、あなたのものです」と告白するのです。そして私の手にあるものも、隣りにいる誰かの手の上に載っているものも、すべては神様が委ねておられ、神様から預かったものだと考えるのです。「求めなさい」と言われて求めることを励まされている「神の国」の生き方は、自分を巡る生き方からも解放されていくようになるのです。少しずつ、少しずつです。

今はまだかたちを取っていないとしても、地下室の窓をすぐにでも閉めようとする心が働いたとしても、第十戒は最後の最後に、このような心を私たちに与えてくださり、完成へと導いてくださるからと、私たちの暗い心の地下室に希望を与えてくれるのです。

だからこそ、私たちは本当に欲しいものを求めることを諦めることなく、本当に満たされるべきもので満たされる経験を重ねていきます。変えられていく喜びの中を生きていきたいと思います。

そのときにこそ、私たちの内面にあるものに清々しい空気が通っていき、すべての領域を冷静に、晴れやかに、自由なる思いで眺めることのできる生き方がかたちを取り始めるのです。

イエス・キリストは、「自分のために、天に宝を蓄えなさい。……あなたの宝のあるところ、そこにあなたの心もあるのです」(マタイ6・20－21)と言われました。私たちの心を、天という場所に置いて生きること。これが第十の戒めが与えてくれる自由なる喜びの生き方なのです。

意見交換のために

1 あなたが感じている人の持つ欲望で、危険だなと思う欲望にはどんなものがありますか。

2 第十戒の章を読んで、考えたことや新しい気づきがあったことについて自由に話し合ってください。

3 神の愛に満足する経験をしたことがあるでしょうか。それはあなたの人生にどのようなことをもたらしましたか。

4 本当に人間に必要なものを、すべての人が欲しがるために、私たちができることはなんでしょうか。神の国を求めるために、できることを分かち合ってください。

あとがき

「お父さん、この本は気持ちが楽になるね。罪を犯しちゃう自分のことを絶えず気がつかされるんだけど。でもいいよ、この本」と高校一年生になる娘が初校を読んで言ってくれました。

私は若い世代の信仰の悩みに向き合いながら、(もちろん自分自身の悩みも含めて)キリスト者として「生きる」ということを考えさせられ続けてきました。救われた後をどう生きるのか、自分や誰かを責めたり、裁いたりしながら生きるのではなく、キリスト者として生きる喜び、自由なる伸びやかさを彼らと一緒に受け取りたいと思っていたのです。そしてたとえ聖書に書いていない倫理的課題にぶつかろうとも、聖書の放つ光の方向にからだの向きを合わせていくことができたら、現代をキリスト者として生き抜いていけるのではないかと思ったのです。その意味では、キリスト者になろうか迷っておられる方にも読んでいただけるとうれしく思います。

この本に取り組むきっかけは、キリスト者学生会(KGK)の主事会主催セミナーで、「現代学生倫理学入門」として十回連続講演をしたことが始まりです。その講演原稿を、教文館の髙木誠一さんに読んでもらったところ、「大嶋さん、これを本にしましょう。でも『偉い誰かがこう言っている……』という引用は読みたくありません。もっと自分の言葉で表現したものにしましょう」と言われました。耳の痛い言葉でしたが、この指摘は当たっていると思いました。また神学校の恩師の牧田吉和先生からは、「一度の講演ではなく、何度も何度も人の前にさらされて、言葉が考え抜かれていくことが大切だ」とアドヴァイスをいただきました。すると朝岡勝先生が声をかけてくださり、月に一度、新たに書き上げた原稿の検討会をしてくださいました。そこには神学の共同の学びがあり、喜びがありました。牧師たちが教会の現場で考え抜いた、真剣で鋭い評価がそこにありました。また私は教会で読まれることを想定し、言葉を磨いていく作業を続けていきました。朝岡勝先生、奥山信先生、山村諭先生、佐野泰道先生、平林知河先生、坂井孝宏先生、塚本良樹KGK主事、お茶の水クリスチャンセンターの山崎龍一総主事、岡田義和主事、教文館の髙木さん、お茶ノ水クリスチャンセンター神学研究会の働きに、心から感謝をしています。

さらに、私が原稿を書く際は、いつも最初の読者は妻の裕香です。妻は今回の原稿でも何度も何度も誤字脱字から、編集校正の作業をし続けてくれました。本当に感謝をしています。

またこの本の原稿を最終的に書き上げる段階で、休暇をとって両親とエジプトに旅行をしました。ルクソールを訪ねたとき、モーセが当時闘ったであろうファラオたちの壮大な建築物の中に入りました。ここでモーセは孤独にファラオの恐怖と向き合ったのかと思うと、心が震えてきました。そしてモーセをここに立たしめた神が今も、私たちをこの時代とこの場所に立たしめ、自

由なる指針としての十戒を与えてくださっていることを思うと、心が喜びで

この本が、自由なる指針として聖書を受け取る機会になることを願いつつ。

二〇一六年八月

大嶋重徳